古代美術史研究

五 編

第19冊

民國女子書風遒美化成因研究

袁 帥 著

花木蘭文化事業有限公司

國家圖書館出版品預行編目資料

民國女子書風遒美化成因研究／袁帥 著 -- 初版 -- 新北市：
花木蘭文化事業有限公司，2023〔民 112〕
目 2+164 面；19×26 公分
（古代美術史研究 五編；第 19 冊）
ISBN 978-986-518-767-5（精裝）

1.CST：書法美學 2.CST：書法家 3.CST：女性 4.CST：民國史

628.08   110022102

ISBN-978-986-518-767-5

9 789865 187675

古代美術史研究
五 編 第十九冊   ISBN：978-986-518-767-5

民國女子書風遒美化成因研究

作　　者　袁帥
總 編 輯　杜潔祥
副總編輯　楊嘉樂
編輯主任　許郁翎
編　　輯　張雅淋、潘玟靜　美術編輯　陳逸婷
出　　版　花木蘭文化事業有限公司
發 行 人　高小娟
聯絡地址　235 新北市中和區中安街七二號十三樓
　　　　　電話：02-2923-1455／傳真：02-2923-1452
網　　址　http://www.huamulan.tw 信箱 service@huamulans.com
印　　刷　普羅文化出版廣告事業
初　　版　2023 年 3 月
定　　價　五編 21 冊（精裝）新台幣 75,000 元

民國女子書風遒美化成因研究

袁　帥　著

作者簡介

袁帥，江蘇鹽城人，輔仁大學中文博士，現供職於南京大學藝術學院（2019 年 2 月至 2021 年
1 月：助理研究員，2021 年 2 月至今：副研究員；2019 年 2 月～ 2021 年 2 月兼任外事秘書；
開設課程：中國書畫鑑賞、視覺人文、紫砂藝術與文化、Chinese Culture: Chinese Calligraphy
等）。學術興趣：書法美學、中國古代文藝理論等。目前發表期刊論文 10 餘篇，代表性著述有：
論文：《從語境還原到語義認知——〈論《文心雕龍·風骨》解讀〉》（《輔仁國文學報》總第
四十六期，2018 年 4 月，頁 19 ～ 66）；《君子勿欺，技進乎道——翁方綱楷書思想論證》（《孔
孟月刊》，總第五十六卷，2018 年 4 月，頁 49 ～ 57）；參編：《水月鏡象——懷素·自敘帖摹
刻本與風格傳衍》（臺北：臺灣大學藝術史研究所，2019 年 3 月，初版）等。

提　要

　　民國時期的女子書法家中，以「南蕭北游」為代表，在成就上達到了與男性大書家比肩的
地位，以「先生」、「大書家」、「蕭老」為其名；風格上則呈現出「重」、「拙」、「大」、「蒼道」
的老辣雄強之氣。這種以「道美」取勝的風格特徵一變以往「簪花小楷」式的性別特質與藝術
風格的相映成趣。這似乎打破了刻板印象，令人耳目一新，令人震撼，也令人聯想到這是性別
意識的作用。

　　然而所謂「性別氣質」是一種社會性的建構內容，而所謂藝術風格中的「性別氣質」（如果
說有的話）更隸屬於這種建構的框架。事實上，並不存在一種歷時性的性別風格特徵，民國女
子書家的風格之變亦是與作為個體的藝術家所在的文化氛圍和自身的審美趣味以及技術訓練的
程度相關。

　　本研究分別從宏觀、中觀、微觀三個層面入手，通過描述民國時期的書法大環境、觀察女
性主義意識發展狀況、女子書家社會性藝術活動並分析具體書法創作的形式與風格，以期帶著
書法史和性別意識的雙重眼光為民國時期女子書法風格「道美」化的成因梳理出脈絡。

目

次

第一章　緒　論

一、對象及意義

　　蔡邕曰，「惟筆軟則奇怪生焉」[註1]。軟筆書法是文人階層最有代表性的藝術樣式，也是最具中華傳統文化精華的藝術門類。民國時期是中國歷史上最後一個也是離現在最近的普遍使用毛筆的時代。在這個時期，受到西學東漸的影響，毛筆書法為求生存漸而退去實用性功能，進入純藝術的時代。此間，女性意識在中國剛剛萌發，大量善書女子自覺地進入到原是由身為男子的士階層建立起的書法場域中，以完整的人的身份表達思想，書寫意趣。因此本文將研究對象選定為民國時期的女子書法。進一步而言是就這個群體所呈現的典範風格進行研究，著眼於其鮮明的書法審美傾向的成因。

　　本選題事實上是研究共時性和歷時性碰撞的問題：西學東漸，女性意識的萌芽使得民國時期成為了歷史的頓挫點，讓人的目光不得不在此停留，而書法的發展是一個歷時性的過程。當時間頓挫點作用於歷時性過程的時候，研究的必要性就產生了。當代書壇，女性大家雲湧，預備進入書壇的高校書法專業女學生亦日趨增加。在藝術場域內，對性別間的差異進行無排序而有區別的呼籲是現實而且必要的。所以筆者認為，順著孑丁於紛繁書法世界的今人之角度遙望過去，針對女子書家成規模地進入書法場域現象的濫觴之期，將其最具代表性的藝術風格與藝術家本身的性別身份結合研究有著十分重要的意義。

〔註1〕侯開嘉：《中國書法史新論》，上海古籍出版社，2009年8月版，第219頁。

二、研究現狀述評

總覽關於民國時期的女子書法研究的作品資料及品評，大致可將其風格歸納為：因受當時書壇大風潮的影響，在風格取向上，有崇尚金石碑刻者，走厚重雄大之路；有受帖派影響者，風格清麗委婉；更有碑帖兼容者，書法雄秀勁健，總體呈現較歷史相對多元化的態勢〔註2〕。這些女子書法好手中，以蕭嫻、游壽為代表的一批以「逌美」的書風取勝的女字書家可謂扭轉了歷史對女子藝術風格的默認〔註3〕。

民國女子書法作品中雖不乏大量走傳統帖學一路，書風秀美婉轉的作品存世，但這並不妨礙人們將民國時期女子書法以「逌美」風格來蓋棺定論。〔註4〕因為較古代閨閣書家而論，民國女書家的書法審美取向有了尚逌美的群體性扭轉，不論這種突變的範圍和強度究竟如何，這種特徵的突顯已足以讓人銘記。這與蘇軾被定位為豪放派詞人的道理一樣。雖說他的婉約作品數量更大，但其豪放風格的作品在更大範圍的時代風格作品群中，更顯示出代表性，故更易於得名。而就當世地位而言，能夠於「男人堆」中，躋身一流書家之列，堪稱「大書家」，在藝術上產生了相當的書壇影響力者，當數以「南蕭北游」並稱的蕭嫻、游壽。此二者皆以雄強逌美為書風特徵，這不是巧合。其成因，正是本文論述之重點。

文獻方面，在國內，對於本文的研究對象的研究著作目前還未出現，但是有關於民國書法的概況解說則有孫洵的《民國書法史》等書法史著作，其重要性和權威性自毋庸贅言。在對於書法群體的研究領域有包新銘的《海上閨秀》。該書細緻描繪了海派女子書畫家的藝術生活。史料類有《近代中國女權運動史料》、《中國婦女運動資料文獻彙編1918～1949》、《中國婦女運動通史》和上海、南京的地方志等。對於書法家個人的研究專著，有對於蕭嫻的個人評傳性研究，如王白橋的《蕭嫻評傳》、俞律的《大書家蕭嫻》等。期刊中，有梁繼的《民國女性書法述評》對民國女子書法總貌做了提綱挈領的評價；還有如欒繼生的《游壽先生傳》、姜壽田的《現代書法家批評——游壽》、嚴敬、包文凱、張末梅的《袁曉園與南社》以及對張默君、何香凝等書家個體

〔註2〕邢建玲、李黎明：《試論民國女性書法家群體的形成及其書風的多元》，《山東女子學院學報》，2011年6月，第3期，第49頁。
〔註3〕梁繼：《民國時期女性書法述評》，《文史雜誌》，2001年，第3期，第38頁。
〔註4〕王燕：《民國女性書法逌美論》，書法賞評，2008年，第6期。

的研究或介紹，為我們一一展現了民國具代表性的女子書家的書法特徵或文化生平。當然，諸如《申報》、《藝林旬刊》、《大公報》等民國的重要報刊中還記錄了女子書家大量的藝術生活信息。這些文章和著作為本研究提供了大量的史實基礎。

單篇論文中，梁繼的《民國時期女性書法述評》是民國女性書法風格研究的代表〔註5〕。該文將民國女子書家的書風以重「碑學」與重「帖學」為標準，分為了，碑學一類、帖學一類以及碑帖相容一類。學位論文方面僅有一篇題為《民國時期女性書法逐美論》的碩論，並有同名期刊論文發表，內容即原論文的縮影。該文對蕭嫻、游壽二位女子書家的生平進行了鋪敘，並對其作品進行了較為細緻的分析，以「逐美」一詞簡要明晰地概括了民國女子書法的總特徵，可謂得當，在這一點上本研究認同並敬為採納。只可惜，彼文在已經意識到對於藝術特徵成因分析的重要性，並在文中比比皆有提及的情況下，仍停留在史實羅列的階段，未能對其內在聯繫作出體系性的說明。在研究對象的範圍上，彼文忽略對同時期其他女子書家風格、成就情況之原因的解析，僅以蕭、游二家為例，未免有失全局觀。在此基礎上，本文欲從此些方面予以彌補，以期為女性藝術研究的道路增鋪一磚。

國外對本選題並無著墨，但是在女性主義藝術史領域，有琳達・諾克林的系列著作為本文的理論奠基。〔註6〕1971 年，發表在《藝術新聞》上的文章《為什麼沒有偉大的女藝術家》指出一個事實：在西方的藝術史上的確沒有達芬奇、倫勃朗、米開朗基羅或畢加索、塞尚那樣的最偉大藝術家〔註7〕。其原因在於男女性別間的社會區別待遇。這一點與女子書家在中國社會中的

〔註5〕梁繼《民國時期女性書法述評》，《書法之友》，2002 年，第 2 期。

〔註6〕海外雖未見關於中國古代女性書法的直接研究，但已有關心中國古代女性作家或女性文化生活的著作。如，Dorothy Ko, *Teachers of Inner Chambers: Women and Culture in the Seventeenth-Century China*, Stanford: Stanford University Press, 1994（目前也已經有中譯本：李志生譯《暗塾師：明末清初江南的才女文化》，南京：江蘇人民出版社，2005 年版；

Susan Mann, *Precious Records: Women in China's Long Eighteenth Century*(Stanford: Stanford University Press, 1997（中譯本有，定宜莊、顏立蔵譯，《綴珍錄：十八世紀及其前後的中國婦女》，南京：江蘇人民出版社，2005 年版、楊雅婷譯，《蘭閨寶錄：晚明至盛清時的中國婦女》，臺北：左岸文化出版社，2005 年版）。

〔註7〕（美）琳達・諾克林：《為什麼沒有偉大的女藝術家》，李建群等譯，中國人民大學出版社，2004 年 11 月，第 1 版，第 1 頁。

境遇不無相似。研究時，諾克林發現在既有的方法論中沒有一種可以滿足女性主義藝術史之用，於是她主張將傳統的圖像學、形式分析與社會學、存在主義哲學、語言哲學、現象學相結合，拋棄藝術家的性別領域界限而重新定位。這為本文的研究方法開拓了視野：對於女子文化或藝術史的研究可以與通過對其社交、文化環境、角色的定位以及生活的角度去考察。

三、研究方法及文章結構

葛兆光先生的觀點也為本文的研究和寫作提供了一些方法與路徑上的支撐：「傳統藝術史家關注的，一是最精彩的天才作品；二是某類作品的源頭或者代表；三是風格異乎常規的特例。而近年來，藝術史在考古學和人類學的影響下，越來越注意討論藝術背後的社會、政治、制度、宗教等因素。」〔註8〕所以本文對於成因的研究將使用社會學的文獻研究方法，結合研究對象所存在的社會文化環境、意識思潮、藝術交遊以及個人生活史來進行描述。而「近年來」的藝術社會學研究的流行傾向並不否認藝術的形式研究之價值。現有的對於每個歷史時段中浮現出的天才藝術形式語言、特例的風格面貌進行的研究成果是我們今天認識藝術面貌的支點。

有關中國書法科學研究的相關雛形，上世紀八十年代曾經出現一些作者在推廣多學科（包括自然科學）在書法研究中的運用這一方面付出了努力。其中有：高尚仁書法心理研究的系列〔註9〕、邱振中運用幾何統計〔註10〕分析章法構成的研究、熊秉明使用心理學方法的書法內省心理實驗〔註11〕等，以及後期關於現代自然科學理論在書法研究中的應用討論〔註12〕，儘管從分析

〔註8〕葛兆光：《思想史家眼中之藝術史——讀 2000 年以來出版的若干藝術史著作和譯著有感》，《高等學校文科學術文摘》，2006 年，第 6 期，第 142 頁。

〔註9〕具體著作如：

金開誠、王岳川：《中國書法文化大觀》，北京大學出版社，1995 年版。

高尚仁：《書法心理學》，東大圖書股份有限公司，1986 年版。

高尚仁：《書法藝術心理學》，遠流出版公司，1993 年版。

高尚仁、管慶慧：《書法與認知》，東大圖書有限公司，1995 年版。

〔註10〕邱振中：《章法的構成》，《中國書法》，1986 年，第 1 期，49～56 頁，第 2 期，58～64 頁。

〔註11〕熊秉明：《書法內省心理探索研究班的一周》，《中國書法》，1990 年，第 1 期，18～21 頁。

〔註12〕賈文毓：《簡論書法吸引子》，《中國書法》，1998 年，第 5 期，67～71 頁。

張捷、徐銀梓、周寅康：《書法研究中的混沌學問題辨析》，中國書法，2002

問題的視角以及分析問題的深度均有突破，但似乎還沒有得到充分運用，以至於後期研究出現了對傳統的描述性研究的回歸。然而回歸至對筆法、品藻、欣賞等的評價多流於一些古代書論史中「模糊性」的語言。

康德認為，審美既不是感覺，又不是認識，而是一種判斷〔註13〕。而中國古代的書法批評往往追求「妙處難與君說」，像「逸格」等美學範疇是經歷了無數代書畫家的理解、闡釋都未能對其內涵和外延有定論性的判斷結果，後人只能梳理其內涵發展的脈絡，最終仍再返回到對書論者個體的美學思想的理解上。〔註14〕細品之，書法批評所採用的方式，往往容易以偏概全，因為目前還未出現一整套用於批評的完備的審美體系，即便有一些書論史的批評專著，其內容也僅流於呈現各家之標準，並於客觀上對先賢予以肯定。但前人之中有明眼人，他們會以現代的評價標準來理智並嚴格地批評古代一些著名書法家的缺點的，他們的著述往往能夠給讀者留以反思的啟迪和創新的空間。在古代，論書是文人雅聚的話題，貴在和而不同；而現在，書學研究是理性的，目的在於與君道明。書法批評中較為客觀的方法除了可以採用經驗判斷的研究方法或圖像學文本分析描述法之外，還可以考慮大幅度調整方法甚至換一個模式。現代化的書法批評為了規避論述語言的模糊性，其研究當以一個「言說可言說之事」的態度，建立一個系統的審美維度體系，形成一個焦點透視的研究格局。

有幸南京大學的黃正明教授與張捷教授合作，在書法風格研究的方法上新有開拓。其合作進行了漢代隸書風格分類的實驗美學研究。該研究對古典書論進行了總結、梳理，從而確定了知覺調查所使用的審美維度，以普羅大眾的純淨的審美知覺為實驗的參與主體，以漢隸及對比碑刻為感知對象，對書法作品的風格進行維度化的排序評價調查，最終再以數理統計方法來研究書法風格的分類情況。〔註15〕實驗的結果與傳統書法理論中的觀點較為一致。該方法在顯示出一定的可行性的基礎上成功地避免了書法品評中的主觀化和模糊化的弊端，為書法實驗美學的研究提供了較為成功的案例。本文在借鑒

年，第 8 期，61～63 頁。

〔註13〕朱光潛：《西方美學史》，人民文學出版社，2009 年 5 月版，第 347 頁。

〔註14〕徐復觀著，郭銀星編輯，《中國藝術精神》，瀋陽：春風文藝出版社，1987 年版。

〔註15〕黃正明、張捷：《書法風格分類的實驗美學研究》，《江蘇省直書協首屆書法理論研討會論文集》，山東畫報出版社，2013 年版，第 1 頁。

其分類歸納方法基礎上有所延伸：工具上，本文採用 spss19.0（社會科學統計軟件包）對實驗數據進行聚類分析；具體的操作上，本文將增設維度篩選環節即對對象進行分步實驗。

　　鑒於目前的研究格局和研究方法的發展狀況，本文在研究方法上將結合美學心理實驗法和傳統的圖像分析法進行文本的分析研究。在研究框架上，本文將帶著書法史和性別意識的雙重眼光對民國的女子書法進行審視、研究。內容的結構主體呈現出從宏觀到中觀再到微觀的一個由大至小的倒三角形，而筆墨篇幅的分布則由少到多，以正三角形面貌呈現，以期構建成為一個有機的整體。

第二章　民國女子書風「『遒美』論」

　　民國時期的女子書法在書寫風格和創作體式上漸趨於多元，打破了中國古代的女子書法審美大多偏於陰柔美的格局。受彼時書法場域和時代大環境的影響，金石為趣，碑學大興的審美取向也成為了影響女子書法臨習與創作的主流審美導向，開創了女子書法藝術的新風尚。「遒美」為其雄渾、剛健的作品風格特徵所屬的美學範疇。〔註1〕碑學之美，注重「金石氣」，即追尋藝術作用於自然而反作用於自然的師法造化，藝術性強於功能性。這體現在民國女子書法中則呈現出尚碑學的美學特徵。

第一節　所謂「遒美」

　　對於「遒美」這一美學範疇的內涵發展梳理，周汝昌與河內利治等學者都有過細緻的研究。不論在周汝昌的《說「遒媚」──古典書法美學問題之一》一文中，還是在河內利治的《漢字書法審美範疇考釋・書法審美範疇語「遒美」考釋》中，二位對「遒」字進行內涵判定時，「遒美」的第一個最為直觀的義項正與力度感相關，即「（力）強而美」〔註2〕。在今天較為常見的用法，「遒勁」一詞中，「遒」即「勁」，二者屬同義複詞，指書寫狀態中的用筆力度。但是「遒」不僅只有「力」這一個義素。《說文解字》對「遒」的解

〔註1〕王燕：《民國時期女性書法遒美論》，南京師範大學，碩士學位論文，2005年4月，第1頁。

〔註2〕（日）河內利治：《漢字書法審美範疇考釋》，承春先譯，上海社會科學院出版社，2006年版，第43頁。

釋是，促迫。「遒，迫也。從辵酋聲。……字秋切」而「遒或從酉」，即「遒」字。注曰「（遒）迫也。《大雅》，「似先公遒矣」。正義。酋作遒。按酋者遒之叚借字。釋詁、毛傳皆曰。酋、終也。終與迫義相成。遒與擎義略同也。」〔註3〕所謂「迫」就是將近的意思，注中還提到有「終結」之義，而「終結」又與「迫近」，「緊密」義近。以故，「遒」還有「緊」之義。

在有了力度的基礎上，周汝昌結合另一個重要的中國審美範疇「氣」來理解所謂「遒」，還作為「駕馭、控制『氣』的一種運行著的力，從而達到的一種恰到火候的境界。」〔註4〕所以，較字面意思更為深刻的一個義項是「貫氣」。無「氣」或「氣不貫」皆不能達「遒美」。「具體而言，『遒』即是指氣的運行流轉中的那種流暢程度。流暢並非邪氣般地亂竄，而是不滯不怯。」〔註5〕書法向來重視筆觸的明快、鋒利的流動，道理即在此處。此外，周汝昌也談到了「遒」的另一層意義，「即緊密。聚則密，密則緊──『遒』即緊密之力。『緊』，不僅指形（如字的結構），還指『氣』。它與「有初無終」的「散」構成對立；散，即為氣不能團合，故不得貫注周布，達到藝術的完整。」〔註6〕此番理解後提到「遒」又與「駿」通，「駿，也是精神上的事、風度上的事……在書法上就表現為：筆駿、骨峻、神俊──這也就是『遒』。『遒』，即是這種精神的表現。」〔註7〕於是，筆墨風格上的「遒」便與人的精神上的、風度上的特徵得以連接統一。「遒」與「峻」作為美學範疇的相通，可見文學理論中的駢體表述，「昔潘勖錫魏，思摹經典，群才韜筆，乃其骨髓峻也；相如賦仙，氣號凌雲，蔚為辭宗，遒其風力遒也。」〔註8〕劉勰將「風力遒」對仗「骨髓峻」，可見「遒」與「峻」在美學範疇的意義上均用以表示某種抽象的美感特徵之鮮明顯豁。不論是是「風力」還是「骨」感，當然不能以鬆散和纖弱而成氣候，必然須具以緊結凝聚的力感特質，方能遒峻。

〔註3〕（漢）許慎撰，（清）段玉裁注：《新添古音 說文解字注》，二篇下，（臺北：紅葉文化事業有限公司，2005 年版），第 74 頁。

〔註4〕周汝昌：《說「遒媚」──古典書法美學問題之一》，《永字八法 書法藝術講義》，廣西師範大學出版社，2002 年版，第 219 頁。

〔註5〕周汝昌：《永字八法 書法藝術講義》，廣西師範大學出版社，2002 年版，第 219 頁。

〔註6〕周汝昌；《永字八法》，廣西師範大學出版社，2002 年版，第 221 頁。

〔註7〕周汝昌：《永字八法》，廣西師範大學出版社，2002 年版，第 225 頁。

〔註8〕劉勰著，范文瀾注，《文心雕龍注》，北京：人民文學出版社，1958 年，9 月，初版，第 513 頁。

周汝昌還提到，書學史上的「遒」，曾以「遒」與「媚」連言，第一筆資料即用以形容書聖王羲之的作品。何延之的《蘭亭記》中說：「《蘭亭》者……用蠶繭紙、鼠鬚筆，遒媚勁健，絕代更無。」〔註9〕「媚」字，在《說文解字》中的解釋是：「說也。從女眉聲。美祕切。」注曰：「（媚）說也。說今悅字也。大雅毛傳曰。媚、愛也。從女。眉聲。」〔註10〕以此來看，「媚」與女性的美相關。大略不脫女為悅己者容的原理，女性的眉毛作為被觀看者的面部特徵，增添了明眸善睞的魅力。以局部代整體，「蛾眉」便成了姣好容顏的代名詞，也即「美」的代名詞。以故，《楚辭·離騷》有曰：「眾女嫉余之蛾眉兮，謠諑謂余以善淫。」所以，「媚」，有美的意思，有女性之美的義素。但被觀看者的美目的在於觀看者——男性。所以「媚」的美是一種取悅的美，是側顏弄姿的妍美。相對於天然去雕飾的自然清新，媚需要有巧奪天工的技巧來描眉畫鬢。「盡善盡美的」王羲之《蘭亭序》當然是力度技巧與姿態美俱佳的作品。這事實上從作品的角度，詮釋了「遒」與「媚」這一對看似相對的概念卻又結合連言的合理性。

東晉·王羲之《蘭亭序神龍本》，局部，故宮博物院藏。

〔註9〕唐·何延之《蘭亭記》，唐·張彥遠著，范祥雍點校，《法書要錄》，卷三，人民美術出版社，1964年版，第124頁。

〔註10〕（漢）許慎撰，（清）段玉裁注：《新添古音 說文解字注》，二篇下，（臺北：紅葉文化事業有限公司，2005年版），第623頁。

「遒美」的意涵也隨著時代的變化而變化著，河內利治在對於「遒美」的歷史演變的闡釋中也加入了「媚」的淵源梳理。他梳理出了具體而明朗的脈絡並形成了完整的形成過程圖。〔註11〕

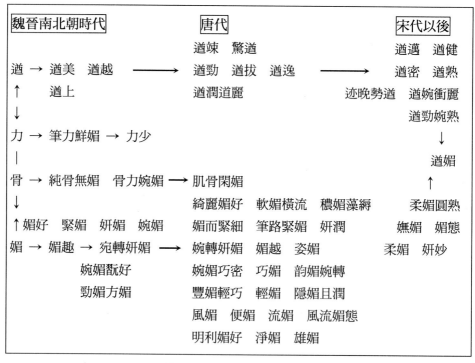

「遒媚」術語形成過程圖。

從南北朝到唐宋到民國到當代，「遒美」的內涵和外延都在不斷地變化著。而在其意涵發展變化的過程中，從不會退去的一個義項是「力感」。在《現代漢語詞典》中，遒的定義即為「強健；有力」。而值得注意的是，其對於「遒勁」的解釋則是「雄健有力」〔註12〕。義項之中多出了「雄」這樣一個帶有性別特徵的義素。也就是說遒勁的書法風格是一種偏向於男性氣質的審美。當然，這一點即使不求助於字典，僅憑人們的慣常審美感知即可得到相同的答案。〔註13〕所以，在民國女子書法風格的「遒美」中，「男子氣」是不可或

〔註11〕（日）河內利治：《漢字書法審美範疇考釋》，承春先譯，上海社會科學院出版社，2006年版，第86頁。
〔註12〕江藍生：《現代漢語詞典》，商務印書館，20012年，第六版，第1123頁。
〔註13〕參閱本論研究（附錄）實驗一針對書法審美分維度審美感知的性別化認知判斷中，凡是與力度相關或是相近的審美範疇，受眾進行性別感知的結果均偏向男性。

缺的一個要素。在男女兩性的區別當中生理區別最為重要，「遒美」中最為核心含義「力」，也正是兩性地位博弈中最具決定性的因素。當然，這也是「遒美」一詞還常常與與「雄強」相連使用的原因。表現的是一種男性的性別氣質之美。這種男子的力度感作用在民國女子書家的作品中則多體現為「重」、「拙」、「大」的面貌特徵。這些都可以算在民國女子書風的「遒美」之中。「拙」感在書法品評中也當是一個關鍵：老子提倡「大巧若拙」；黃庭堅說的「凡書要拙多於巧」〔註14〕、姜夔的「故不得中行，與其工也寧拙，與其弱也寧勁，與其鈍也寧速」〔註15〕、傅山提出「四寧四毋」的口號，即「寧拙毋巧，寧醜毋媚，寧支離毋輕滑，寧直率毋安排」〔註16〕皆是反對刻意的花哨，追求最原始的那種自然不巧飾的「拙」感。這種純任自然師法造化的「拙」的狀態，不能不歸因於民國時期書法主流的崇尚「金石氣」的審美，即碑學。若將書法與乾、坤之卦相比，曾國藩曾有言：「即以作字論之，純以神行、大氣鼓蕩、脈絡周通、潛心內轉，乾道也；結構精巧、向背有法、修短合度，此坤道也。」〔註17〕與帖學相對，碑學，正屬於陽剛之美的一極。在民國女子書法風格的「遒美」中，以「力感」為支撐，碑學中的「金石氣」和性別維度的「丈夫氣」是為最具代表性的兩大要素。

第二節　書法維度化分步實驗：以「局外人」的眼光驗證「局內人」的評定

　　書法作品風格的評論者歷來都是書法藝術活動的實踐者，是書法場域的「局內人」，即「那些與研究對象同屬於一文化整體者，他們共享（或擁有較類似的）生活習慣、價值觀念、生活經歷、行為方式，往往對事物有相當一致的看法。」〔註18〕以「局內人」身份介入研究的優勢在於研究對象感性認知的容易。就書法而言，則是書評者進入書法場域的順利，對於資料

〔註14〕由興波：《黃庭堅的書法藝術觀》，《九江學院學報》，2005年，第2期，第29頁。

〔註15〕朱友舟：《姜夔續書譜·用筆》，江蘇美術出版社，2008年版，67頁。

〔註16〕傅山：《霜紅龕集》，陝西人民出版社，1985年版，第234頁。

〔註17〕（清）曾國藩著，李瀚章編：《曾國藩家書》，中國致公出版社，2011年9月版，第21頁。

〔註18〕陳向明：《質的研究方法與社會科學研究》，教育科學出版社，2007年12月版，第134頁。

的瞭解。而其同時可能出現問題：首先，「正由於共享的東西太多，研究者可能會失去研究所需的距離感……對於對方言行中隱含的意義失去敏感」〔註19〕。由於過分的熟悉，想像力或許會受到「習以為常」的慣性思維的遮蔽，不易透過慣常的表象看問題。這一點體現在書法評論中則表現為書評家對於傳統書寫範式的自覺與不自覺的肯定並以之為標準（如以二王帖學書法為宗）。其次，如何從「局內人」的角色中脫離出來，完成向「研究者」角色的轉型亦是一個難題。作為常傾力參與書法創作的局內人，容易帶入主觀情感。「研究者在參與觀察中參與得越深，體驗得越深，其主觀情感、看問題的角度、思考的模式等方面受到的影響就越大，他在看待、分析和解釋人們的行為時，喪失客觀性、中立性的可能性就越大。」〔註20〕再者，缺乏「陌生化」的眼光還會使得書評家置身於前人批評模式的大山之中，而不識廬山真面目。我們看待問題的角度十分重要，在古代的書論中縱向思維的尺度化評判往往更加能夠受到重視，但如果用橫向思維進行考量和思考，則會發現可以形成一種維度化的評價體系。簡言之，作品往往會被直接給出一個或排序或程度上的整體打分，而未曾從多個並行的角度或方面同時進行考量，這樣評定的結果容易缺乏立體感從而劣於說服力。而維度化的評價體系則是試圖體現藝術作品在每一個維度上所達到的優劣程度。而每一個維度，正是以往書論中用以格物致知的每一種美學範疇，或一種美學範疇下屬的每一種特徵。

本文中，筆者綜合考量了研究對象即道美書法風格的下屬特質，試圖建立起以性別氣質為評判目的的書法審美體系，以期對每一個作品文本進行多維度的量化評定。實驗的每一個維度都是被試者所能瞬間理解的一種美學特質，量化的感知形式則依賴於被試者品評作品時的心理反應強弱程度。通過將設立這一組維度從而形成一個對於作品進行審美感知的幾何空間，由此整個書法審美活動就存在於一個擁有若干維的幾何空間之中，當考量結束後，每一個書法文本的審美拼盤結果便將其坐落在若干維幾何空間中的一個點上（點與點之間的幾何距離也可以計算得知）。

〔註19〕陳向明：《質的研究方法與社會科學研究》，教育科學出版社，2007 年 12 月版，第 135 頁。
〔註20〕風笑天：《社會學研究方法》，中國人民大學出版社，2005 年 2 月版，第 252 頁。

一、古代維度化論書的基礎

近代的書學巔峰則要數康有為的《廣藝舟雙楫》。書中，康氏對各書法類型的多種風格運用了多種的描述性詞語加以劃分，而中國書法風格審美的維度之分起源正是與中國書論的濫觴同時。唐代竇蒙所著《〈述書賦〉語例字格》是風格類別論的集大成者，書中細緻地描述了書法風格的審美特徵並將其分為八十七種。以《述書賦》為例來看，並非所有語彙都能歸在審美維度的範疇之內，其中可以引申出的審美維度類型的大致可見為以下幾種：

對偶型術語則可以分為屬性對偶和偏好對偶，其中屬性對偶為作者無明顯偏好傾向的對偶範疇，如：忘情—有意、重—輕、快—慢、肥—瘦、文—武；偏好對偶為作者有偏好傾向的對偶範疇，如：疏—密、雌—雄、老—嫩、等；

客觀屬性感知類：強—筋力露見、緊—團合密緻等、怯—下筆不猛；

主觀感知屬性維度也可以分為兩類即有偏好性的如：乾—無復光輝、畏—無端羞澀、妍—逶拖排打、拙—不依致巧、疏—違犯陰陽、偏—吃守一門、駿—波瀾驚絕、滑—遂乏風采等；無偏好性的如：動—如欲奔飛、爽—肅穆飄然等；

在屬性的維度則有：老—無心自達（審美性）、輕—筆道流便等（技巧性）、細—運用精深、熟—過猶不及、偉—精彩照射、高—超然出眾。

二、實驗步驟

綜上可知，對古代書法風格的界定性描述的基礎都建立在人主觀的感性認知之上所以會缺乏一定的系統性和整體性；其進行評鑒的表述又往往以形容詞性的描述來表達為手段，故缺乏客觀性。本文的研究原始數據獲取的基本方法採用實驗審美心理學原理，由筆者自行設計書法審美心理實驗方法，調查「局外人」對古今、師生、夫妻書法作品的感知，最後再通過數理方法對其間的相互關係進行分析。

調查設計了一組關於書法性別氣質的審美維度，並採用心理學美學實驗的方法進行量化處理。為保證實驗的純淨性，挑選的被試對象對書法作品沒有先知的認識（如對書家名氣大小的認知，對書家歷史評定的已知等），才能夠以「陌生化」的純審美的第一感覺進行評判。本實驗將參與的對象選定為110名南京大學本科在讀學生，本專業方向來源於全校各系科，無專業的書法

人士。由於古代書法理論的內涵豐富，模糊性強，難以被非專業者快速、透徹地理解，筆者從古代書論中的有關書法品評詞語的規律中提取出審美維度，並簡化成為非書法專業人士能夠瞬間理解的語彙，並且經過一次對語彙的篩選過程，從而提煉出性別特徵明顯的選項來作為第二部實驗的部分素材基礎。

本實驗中審美主體維度感覺的量化方法採用打分法，統計所得數據的分類方法則採用聚類分析法〔註21〕，所使用的計算軟件為 SPSS19.0 系統，聚類分析採用的指標為點與點、組與組、類與類之間的歐氏距離。「聚類分析」即「點群分析」，其基本原理是「將 N 個樣本看成是一類，然後通過規定樣本之間和類與類之間的距離的標準進行分類。一開始，因類與類之間的距離是相等的，選擇距離最短的一對並成一個新類，計算新類和其他類的距離，再將距離最近的兩類合併，這樣，每次減少一類，直至所有的樣品都成為一類為止。」〔註22〕每個文本（在這個本實驗中，每一頁 PPT 代表一個書家，算作一個文本）根據其 N 個維度評價值看成 N 維度空間中的一個點，根據空間中各碑帖所代表的點之間的直線距離的遠近進行分析，距離近的則劃為同類，形象地說，由各個樣本點在空間中形成了若干點群，組成了同類。如在本案例中，實驗二採用用實驗一中判斷結果性別感模糊者進行篩選、調整後的語彙作為十一個審美維度標準，讓被試者對古今、夫妻、師生、碑帖作品進行評分，將數據結果進入 spss19.0 整合，得出其歐氏距離的數據，每個人的作品風格就被定位而成為由 11 維審美維度所組成的空間中的 1 個點。

本文分為兩個步驟進行，數據收集部分即：

1. 書法美學心理實驗（一）——對書法審美維度的性別判斷

結合筆者的可操作範圍和避免對於藝術作品的主觀感受，實驗所選定的受訪對象為南京大學藝術學公共選修課的學生。審美維度上，筆者儘量選取涵義較為明晰的和認知較為客觀的語彙，根據現代實驗審美心理學方法〔註23〕及筆

〔註21〕阮桂海、蔡建瓴等：《SPSS FOR WINDOWS 高級應用程序》，電子工業出版社，1998 年版，第 131 頁。

〔註22〕張堯庭，方開泰：《多元統計分析引論》，科學出版社，2003 年 9 月，第 5 版，第 320 頁。

〔註23〕（英）瓦倫汀：《實驗審美心理學》，潘智彪譯，廣東三環出版社，1989 年版，81～107 頁。

跡學〔註 24〕的相關理論，並將古代書論中的品評維度簡化為容易理解並能
快速感知、判斷的語彙，從而提出了如下的六十項相對客觀的審美描述維
度〔註 25〕：

　　1 書法本身、2 美、3 丑、4 易認、5 難解、6 意蘊、7 秀美、8 遒勁、9 靈
動、10 力度感、11 韌度感、12 連續、13 頓挫感、14 潦草、15 工整、16 乾
淨、17 稚拙、18 巧妙、19 粗、20 細、21 樸實、22 華美、23 光滑、24 毛糙、
25 緊湊、26 鬆散、27 瀟灑、28 拘束、29 墨色均勻、30 枯、31 濕、32 濃、
33 淡、34 虛、35 實、36 斧鑿之感、37 金石氣、38 雕琢、39 自然、40 書卷
氣、41 文人氣、42 富貴、43 逸氣、44 老練、45 生疏、46 蒼茫、47 渾厚、48
規律感、49 雄強、50 劍拔弩張、51 力透紙背、52 龍飛鳳舞、53 筆走龍蛇、
54 筆酣墨飽、55 恰到好處、56 鸞飄鳳泊、57 鸞翔鳳翥、58 龍蛇飛動、59 美
女簪花、60 鐵畫銀鉤。（具體問卷見附錄之問卷一）

　　2. 書法美學心理實驗（二）——書法作品性別氣質的分維度感知

　　梳理實驗（一）中篩選出來的性別感強烈的語彙，進行重組、調整再結
合古代書論得出實驗二所需的 11 個維度製成問卷二：橫向為十一個維度，縱
向為具體的作品所對應的 PPT 的十五個編號。（具體問卷樣貌見附錄之問卷
二）

　　通過 POWER POINT 展示一組 15 頁的照片（具體樣貌見附錄七之實驗
二 PPT 圖片展示），每一頁的照片都是一位書家的作品，但是作品的展示隱去
了作者信息。停留時間由 PPT 操作者（即筆者）與被試者互動決定。給定被
試對象一份問卷，問卷的縱向顯示對應的 PPT 頁碼數由被試針對每個主體感
知維度（美感、興趣、可辨認性等），根據本人自己的感覺將該組碑銘照片從
大到小進行排序，並予以記錄。碑刻照片以編號出現，未以書家的名字或作
品的名稱出現，以避免被試者以往關於書法知識的先入之見。

　　所選用作品的書家除民國時期的著名女子書家外還有：蔡琰、衛鑠師生、
武則天、管道升夫婦、姜淑齋、秋瑾等，基本覆蓋了古今關係、師生關係、夫
妻關係、性別關係的涉及。

〔註 24〕Renna Nezos, *Graphology: The interpretation of handwriting*, Rider, 1986, p33.
〔註 25〕張捷：《書法批評的客觀審美維度構建》，《東南大學學報(哲學社科版)》，2004
　　　　年，第 6 期，第 78～82 頁。

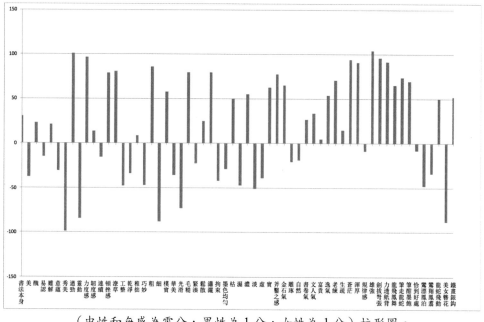

實驗一數據統計之實驗結果數據統計

（中性和無感為零分，男性為1分，女性為-1分）柱形圖。

三、實驗結果

在實驗一《書法審美維度的性別感知》的問卷中，被試者對六十個審美維度進行男女性別的感知，分為男性、女性、中性和無感四個選項。在結果（統計結果見「附錄四：『實驗一』數據統計之實驗結果數據」）的分析中，本文對性別的選擇進行數字化的統計：以中性和無感為零分，男性為1分，女性為-1分。總數據（以被試者性別和性取向為劃分的表格見附錄表2、3、4、5）可見直觀柱形如右圖。圖中，以審美維度的柱形圖越向右延伸者男性氣質越強，柱形圖越向左延伸者女性氣質越強。

在碑學特質理論的基礎上，結合實驗一當中挑選出的性別特徵較為明顯者，在實驗二中筆者提煉、整合併設計了如下的十一個維度來形成樣卷，（具體問卷樣貌請見附錄之問卷二）這十一個維度術語可以將分為如下幾個類別：

客觀屬性感知類描述術語：易認、雕琢感；

性別感知的直接判斷：女子氣、力度感；

書寫技法類審美維度：筆法：動感、拙；墨法：厚重；字法：奇、多變；

章法：清秀

主觀描述性：喜好程度

從這十一個維度，被試者對屏幕上呈現的書法作品分別進行程度感知並打分：針對每一個文本，作品具有某一維度特質最強為 5 分，最弱為 0 分，精確到個位數即可。本次調查人數共計 110 人，得到有效數據 18150 個，調查後建立數據庫進行統計，並計算得出各碑刻各項主體感知維度評價值的平均值。經統計歐氏距離的計算方法統計出被試群體對每個對應書家作品的各個審美維度評價值如。

性別氣質維度化審美實驗心理試驗結果　實驗二表一

（表內數字為感知程度的平均數，調查人數 110 人）

	女子氣	力度感	清秀	多變	厚重	易認	動感	雕琢感	奇	拙	喜好程度
1（傳）蔡琰	2.77	2.98	3.38	2.59	2.02	3.50	3.16	3.11	2.02	1.87	3.43
2（傳）衛爍	3.71	2.59	3.71	1.60	2.38	4.62	1.67	3.23	1.56	2.83	2.99
3 王羲之	3.36	2.94	3.79	1.91	2.30	4.41	2.05	3.43	1.89	2.13	3.57
4 武曌	1.92	3.93	2.69	3.29	3.14	3.52	3.48	2.96	3.12	1.86	3.92
5 管道升	2.89	2.74	3.39	3.60	2.23	2.96	3.78	2.63	3.15	1.75	3.77
6 趙孟頫	2.65	3.24	3.33	3.73	2.67	3.42	3.94	2.84	3.16	1.63	4.03
7 姜淑齋	1.78	2.77	1.94	4.40	2.13	1.56	4.42	2.08	3.84	1.51	3.01
8 秋瑾	1.53	4.50	1.71	2.38	4.04	4.23	2.74	2.58	2.71	2.83	3.04
9 蕭嫻	2.33	3.57	2.64	2.73	3.08	4.59	3.46	2.71	3.19	2.59	3.50
10 游壽	2.10	3.11	2.17	3.21	2.60	3.30	2.93	2.89	3.42	2.74	2.67
11 袁曉園	1.52	3.59	1.62	3.02	3.23	3.92	2.82	2.12	2.52	2.90	2.35
12 張默君	2.35	3.24	2.50	3.81	3.02	2.55	3.92	2.71	3.43	2.10	3.29
13 莊閑	3.48	2.45	3.30	1.69	2.58	4.35	1.56	3.00	1.66	3.06	2.61
14 何香凝	2.46	2.81	3.03	3.87	2.28	2.05	4.01	2.44	3.52	1.62	3.49
15 馮文鳳	2.74	3.52	2.84	2.02	3.59	4.19	2.16	3.32	2.51	2.99	3.25

將表一中的數據進行歐氏距離的聚類分析得到聚類樹形圖：

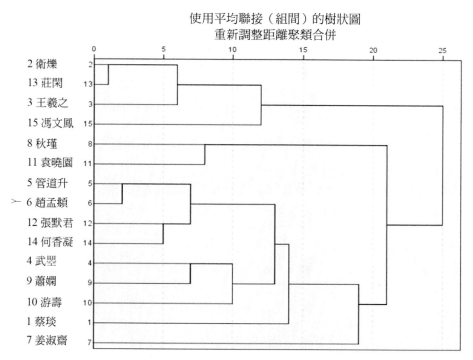

使用平均聯接（組間）的樹狀圖
重新調整距離聚類合併

正文中僅顯示總數表格，附錄中將數據根據被測試者的性別和性取向分為四類，共生成 5 張樹形圖表。通過這五張樹形圖表的差異變動分布可以看出在被試者性別、性取向變化的情況下，有三個核心固定的大方向風格可以劃分，在此三個核心方向固定不變的情況下其餘的書家會有微動：

一是以蕭嫻、游壽為核心的遒美風格組群，顯示了丈夫氣和碑學的結合；二是以管道升夫婦為核心的帖學姿媚風格組群；三是以衛鑠師生為核心的石刻載體的碑學風格組群。從表一中的數據，不僅可以形成聚類樹形圖以證明書法風格分類的理性和真實性，還可以直觀的審視各維度的數值所代表的書法審美傾向。游壽和蕭嫻二人書法風格的緊密關係在由碑學和性別維度的審美實驗中表現出高度的一致性，這與前文的推斷基本一致：民國女子書法風格中，「遒美」＝「金石氣」＋「丈夫氣」。在這組實驗的作品樣品中，男性書家有王羲之與趙孟頫，實驗的加過顯示出其因書風相近的原因的確分別與衛夫人、管道升形成最為緊密的類聚距離，而並未因為作品中體現出任何書家的性別共性而近距離類聚。

當然，碑學審美的金石氣中雄強硬朗的特徵自然與帶有剛強特徵的所謂「丈夫氣」有重合之處，故民國女子書法中體現的「遒美」這一美學特徵是受到碑學審美特質與男性化審美取向共同作用在書法藝術上的結果。

第三節　書法的「性別氣質」論

一、藝術風格中的「性別氣質」

　　在具體作品中，性別的作用往往也會有所彰顯。實驗一中，「書法」本身是一個客觀的概念，不存在性別因素。但是由於社會歷史為人們營造的思維慣性，實驗結果中。「書法」顯示出了男性的性別特徵趨向。而在傳統的女性藝術家中，似乎也是善畫者多於善書者。而具體的風格上，也正如丁亞平所謂說，「深度浸透和預設」在作品之中。而且這種性別的作用也是多維的。〔註26〕這種多維存在的性別特質會體現在風格上，也會體現在創作行為的痕跡中。比如，明代文徵明（1470～1559）的玄孫女文俶（1595～1634）善畫。今南京博物院藏有她的梅花圖成扇。畫一枝墨梅，不設色，沒骨法，用筆綿柔而細膩。梅枝倒懸，枝丫伸展姿態獨特。有趣的是與文人畫扇往往一面書一面畫的習慣不同，文俶善畫而不常自書。她的畫有時除簡單的題款外，有時會讓丈夫趙鈞（1591～1640）做字相配，甚是琴瑟和諧。如上海博物館藏的《花鳥草蟲圖冊》即是一例。畫扇時，文俶亦不喜自題，但由於扇子若僅繪一面，在流傳之中，另一面難免會為他人留下題字的空間。於是，為了不留有「為人浪書」的空間，文俶畫扇「必圖兩面」〔註27〕。南京博物院藏的這件成扇即是此例。

明・文俶《花鳥草蟲圖冊》上海博　　　明・文俶《花鳥草蟲圖冊》局部
物館藏，局部一。　　　　　　　　　二，趙均題記。

〔註26〕丁亞平：《藝術文化學》，文化藝術出版社，1996 年 7 月版，第 401 頁。
〔註27〕陶詠白，李湜，《失落的歷史　中國女性繪畫史》，長沙：湖南美術出版社，2000
　　　年 6 月版，第 32 頁。

　　這種鮮明的性別痕跡，流露於作為女子的作品之中，從創作形式的角度加持了的作品風格的性別化，似乎的確增加了一層別樣的審美特質。

　　但要知道，「女人並非生就的，而是造就的」〔註28〕。這是波伏娃《第二性》中的經典論斷。在中國古代，女性往往以柔秀之美為質，偏女子氣質的品藻詞彙有：軟美、流媚、韶秀、婉麗等等，此些即西方美學範疇中的秀美或優美〔註29〕，又即中國的「老夫子」們所言之「女子氣」。女子氣出現在女性的作品中，具有一慣性的美感，而體現在男性的作品中，則出現了感情色彩上不一樣的意味。作為書法風格的品評語彙，與雄強、勁健、遒美等男性氣質語彙相較而異，這些特質往往受到貶抑和譏諷。

明．文俶，《梅花圖》摺扇，紙本，1628 年，南京博物院藏。

〔註28〕（法）西蒙娜．德．波伏娃：《第二性》，陶鐵柱譯，中國書籍出版社，1998年 2 月，第一版，309 頁。

〔註29〕唐穎明：《碑學與帖學之比較——論中國清朝書法》，天津大學，碩士學位論文，2005 年，第 10 頁。

二、「媚因韶誤，嫩為秀歧」〔註30〕──以貶抑之名的貶抑

　　秀媚韶姿之美屬於柔美的範疇，而陰柔則代表女性的特徵。生活中，韶秀、柔媚等作為形容詞，皆以形容女性。但如以嫵媚、韶秀由於沒有「丈夫氣」，只博得美人誇讚，便對書法加以貶抑，則是一種偏見。「媚」這個字眼可以與與「秀」連言，亦可以與「遒」不相違背。它本是「美」的另一個名字，正如所謂「女人不是生就的」，作為擁有「美」意義的「媚」淪落於「丑」之下等級，亦是「造就」的。這「造就」，有一個相當的歷史演變過程。

　　它在書法品評中首次出場即是用於二王父子的書風比較。我們今天在唐代張彥遠輯錄的《法書要錄》中，能夠看到收錄的一些南朝的論書文字。其中，南朝宋羊欣的《採古來能書人名》中所謂的「媚」，顯然是作為一種靈動妍美的褒義美學範疇而使用的。他提到王獻之與其父羲之（的書法）相較，「骨勢不及父而媚趣過之」〔註31〕。當中「而」作為語意的轉折，意思是雖然在骨勢之美方面獻之輸給了王羲之，但是王獻之的好就好在「媚趣」的略勝一籌。這樣的判斷在南朝宋虞龢的《論書表》裏也有類似的表述說，「獻之始學父書，正體乃不相似。至於絕筆章草，殊相擬類，筆跡流懌，宛轉妍媚，乃欲過之。」〔註32〕在不同書體間進行二王的高下之別，他認為小王早年學習楷書時，的確不能達到大王的境界，但是若論及草書，小王大有要超過其父的好處恰恰就在於其「宛轉妍媚」。

　　從今日可見的一些傳世法帖中，我們經過對比，的確可以看到王羲之、王獻之二者的書風一則重骨力一則勝於婉轉妍媚。比如，以現藏於臺北故宮博物院的雙鉤模本王羲之《平安何如奉橘三帖》、日本宮內廳三之丸尚藏館的《喪亂得示帖》與遼寧省博物館藏的《萬歲通天帖》中王獻之的《廿九日帖》相較，即可見其差異。儘管，王羲之的用筆已是靈活多變，《蘭亭序》中字「有重者皆構別體」〔註33〕，往往在其他作品中也有體現。而王獻之相較而言，偏鋒的使用更多，牽絲連帶更為柔軟，單個的字看起來也都更具有側身俯仰之態。如「不」字的「左撇」，小王的連帶顯然較大王來的更為

〔註30〕（清）黃鉞：《二十四畫品》，收入：羅維揚，史全社：《袁白濤遺墨》，武漢出版社，2011 年 11 月版，第 278 頁。
〔註31〕南朝宋・羊欣《採古來能書人名》，唐・張彥遠著，范祥雍點校，《法書要錄》，卷一，人民美術出版社，1964 年版，第 15 頁。
〔註32〕南朝宋・虞龢《論書表》，收入《歷代書法論文選》，第 53 頁。
〔註33〕唐・何延之：《蘭亭記》，收入《法書要錄》，卷三，第 124 頁。

鮮明，（這一點雖或許還要參照雙鉤的質量來考量，但是）小王的行筆則在
向左下方行筆的同時，向下壓筆形成了一圓轉的弧度，則將該筆劃起筆處
（即與上一橫劃銜接處）的筆鋒翻轉形成的方角所提供的調鋒、蓄力自然
化解了。於是二王之間相較起來，則大王更為「骨力而古質」，小王相對為
「媚婉而今妍」。

同一或結構 類似的字	王羲之 （非注皆截選自《平安三帖》）		王獻之 （截選字皆出自《廿九日帖》）	
不				
白／日				
甚	 取自《喪亂帖》			
頓	 取自《喪亂帖》			
復				

深	取自《喪亂帖》			
體				
奉				
中／弟				
再	取自《喪亂帖》			
何	取自《喪亂帖》			

　　古與今相較會有質樸與妍媚的區別，在當時亦是相對的認識。南朝宋虞
龢在《論書表》中就提出這種「古質今妍」在每個時代的相對性，從而表達
「今妍」的無可非議。他認為作為二王與更古的鍾繇、張芝比較起來就會顯
得妍媚。但試想，以鍾張與再古者的樸素筆法相較又怎麼不會顯得妍媚呢？
所以，小王與大王相較所呈現出的妍媚特徵不應當作為看輕其成就的理由。
父子都是冠絕終古的大師。他說，「夫古質而今妍數之常也；愛妍而薄質，人
之情也。鍾、張方之二王，可謂古矣，豈得無妍質之殊？且二王暮年皆勝於
少，父子之間，又為今古。子敬窮其妍妙，固其宜也。然優劣既微，而會美俱
深，故同為終古之獨絕，百代之楷式。」〔註34〕

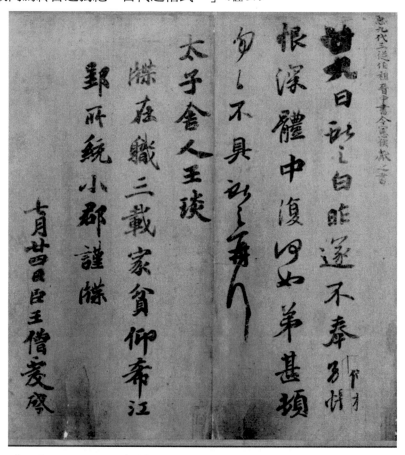

《唐摹王氏一門書翰》(《萬歲通天帖》)，紙本 26.3×253.8cm（局部：
王獻之《廿九日帖》)，遼寧省博物館藏。

〔註34〕南朝宋‧虞龢《論書表》，收入《歷代書法論文選》，第 50 頁。

平安何如奉橘帖（本幅），24.7×48.6cm，紙本，臺北故宮博物院藏。

　　南齊王僧虔在他的《論書》中也提到一組父子書家之間的比較與羲獻父
子情形類似，他說「郗超草書亞於二王，緊媚過其父（按：郗愔），骨力不及
也」〔註35〕在不用做不同人的書風之間的比較時，「媚」與「骨」同時作為書
法美的維度被並提。且「媚」亦表現為一種不可或缺的美，當王僧虔提到謝
綜的書法時，說他「書法有力，恨少媚好」〔註36〕，「恨」表露出對於沒有「媚」
感的缺憾。

　　在虞龢、王僧虔留下的文字中，我們可以看到媚的意義往往是相對於
「骨力」提出的一種審美範疇。「媚好」與「骨力」相較，意義相對但都在
感情色彩上不具有貶義，「妍媚」與「古質」相比，也不並非卑下之美。唐
人何延之的《蘭亭記》中「遒媚」連言，「媚」如作為婉轉之美來解釋，並
無相對於力感而言的低等之美的意思。不過，在此處的「媚」更有可能是具
有較為泛化意義的「美」的義素。當它與其他單音範疇相連而使用時，往往

〔註35〕南朝齊·王僧虔《論書》，《法書要錄》卷一，第20頁。
〔註36〕南朝齊·王僧虔《論書》，《法書要錄》卷一，第21頁。

是一種偏正的關係。媚好成為了一種書法的底色之美，是當時書法品評不可或缺的要素。因此，我們還可見不少類似的用法，如「緊媚」、「婉媚」、「雄媚」、「勁媚」、「巧媚」等。如果說「緊」、「婉」、「勁」是作為互補義或近義與「媚」連言，似不便解釋「流媚」、「鮮媚」、「便媚」〔註37〕甚至「方媚」。〔註38〕「方媚」的說法出現在梁武帝蕭衍與陶弘景論述的過程中。他們討論到所見的兩件王羲之的小楷書作品，其中小楷《樂毅論》的用筆稍顯「麁（粗）健」，應當是缺少了婉轉妍媚的美感所以認為不是真蹟；談到《太師箴》帖時，則說「小復方媚」。此處的「媚」作為一種底色性的，具有泛化意義的美感，還修飾以字的結體特徵「方」。而「媚」的這種不失媚色悅人之意，又有一定泛化意義，可以再被更為具體的美的特質來修飾的美好之義，也延續到了唐代的書論中。如，「又曰：『力謂骨體，子知之乎？』曰：『豈非謂趯筆，則點畫皆有筋骨，字體自然雄媚之謂乎？』長史曰：『然。』」〔註39〕此處所謂「雄媚」，就語境而言應該不是取相對範疇的中和之美的意義。因為該篇即是分「平謂橫」、「直謂縱」、「均謂間」、「密謂際」、「鋒謂末」、「力謂骨體」、「轉輕謂曲折」、「決謂牽掣」、「補謂不足」、「損謂有餘」、「巧謂布置」、「稱謂大小」〔註40〕共十二個維度來看待書法的方方面面，往往相對的概念會在不同的條目中出現，而每一條僅介紹一個審美維度。於是此處的「媚」是被「雄」所修飾的無性別色彩的一種媚好之義。

前引《說文》內容可見「媚」字若從字源的角度來考察，它的確與女性的視覺形象，以及其形象能夠令人愉悅相關。但是在南朝的時候，形象給人帶來的愉悅並不因為性別的差異而顯現出高下之別。在「字如其人」的觀

〔註37〕唐・李嗣真《書後品》，收入《歷代書法論文選》，第　頁。

〔註38〕「近二卷欲少留……逸少跡無甚極細書，《樂毅論》乃微麁健，恐非真蹟；《太師箴》小復方媚，筆力過嫩，書體乖異。」南朝梁・蕭衍，《梁武帝答書》，收入《法書要錄》卷一，第46～47頁。

〔註39〕（偽）唐・顏真卿：〈述張長史筆法十二意〉，收入《歷代書法論文選》，（上海：上海書畫出版社，1979年10月，初版），第279頁。
此文最早見於唐代韋續的《墨藪》。宋朱長文《墨池編》中〈唐顏真卿傳張旭十二意筆法記〉文末云「朱長文曰：舊本多謬誤，予為之刊綴，以通文義。張彥遠錄十二意為梁武筆法，或此法自古有之，而長史得之以傳魯公耳。」見：（宋）朱長文《墨池編》，景印文淵閣四庫全書本，子部，冊812，（臺北：商務印書館，19886年版）卷1，頁76上～76下。

〔註40〕唐・顏真卿：《述張長史筆法十二意》，收入《歷代書法論文選》，第278～280頁。

念，作為作品與人品具有排他性的對應關係明確地出現之前，品人是品書作借用的一套審美價值體系。在這套體系中，我們並未見到將書比作像某位男子就比將書比作女子來得高明。而是像男子有像男子的美與惡，像女子也在其譬喻的性別內部的有高有下。比如，將王羲之的書法比作「謝家子弟」。謝家是當時的望族，居養於江東貴族子弟就算體態不端時，都由內而外令人感受到有一種風流氣度之美〔註41〕；而形容王獻之的字時則認為像是「河洛間少年」，即便是在欣喜自得的心情狀態下，體態的拖沓不輕盈，也美得不高明。就書法來看，這或是在暗指王獻之以連綿的筆勢區別於其父，但論者認為連綿乃至拖沓未必高明於似斷還連的輕便靈活，即便以新奇的一筆書博人一時之眼球，終不是經久之美。〔註42〕而同篇中，袁昂借女性形象作比時，書藝高下之別也是對應了人物風度的貴賤之分。他輕微詆言羊欣的書法就像是一戶大戶人家的婢女，未必具有名門大家的教養風度，卻當上了正位的夫人。即便是地位服飾上都配備了表面的榮光，可是舉手投足間盡然是小家之氣，不能落落大方。〔註43〕據說羊欣是南朝時期學習王獻之最得精髓之人〔註44〕，時有「買王到羊，不失其值」的說法，則是指王獻之與羊欣的書法。在這裡袁昂許是就獻之的藝術程度來比較羊欣的書法，尤其形似之貌，卻又不能似真神明。而類似的比譬邏輯也出現在對王儀的書風品評中。他以司馬德宗，東晉的第十位皇帝作比王儀書。晉安帝是晉孝武帝司馬曜的長子，由於天性癡愚而沒有能力掌國，在他在位的22年間朝權旁落臣下之手，甚至發生了篡位之事，國內內亂頻仍。如此德不配位之人在視覺形象上也是華服掩蓋不住靈魂的渾濁，舉止萎靡。〔註45〕

〔註41〕「王右軍書如謝家子弟，縱復不端正者，爽爽有一種風氣。」南朝梁・袁昂：《古今書評》，收入：唐・張彥遠，《法書要錄》，卷2，第74頁。

〔註42〕「王子敬書如河洛間少年，雖有充悅，而舉體沓拖，殊不可耐。」袁昂，《古今書評》，《法書要錄》，卷二，第74頁。

〔註43〕「羊欣書如大家婢為夫人，雖處其位，而舉止羞澀，終不似真。」袁昂，《古今書評》，《法書要錄》，卷二，第74頁。

〔註44〕「羊欣早隨子敬，最得王體。」南朝梁・庾肩吾《書品》，《法書要錄》，卷二，第67頁。

〔註45〕「王儀同書如晉安帝，非不處尊位，而都無神明。」袁昂，《古今書評》，《法書要錄》，卷二，第74頁。

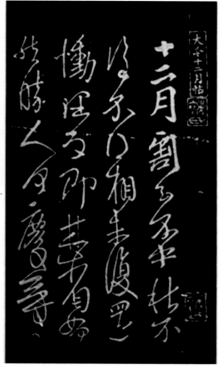

東晉・王獻之，《中秋帖》，手卷，紙本，墨蹟，27×11.9釐米，故宮博物院藏。

此帖為乾隆「三希堂」「三希」之一。其中「不復不得」、「甚省如何」若干字形成一氣呵成的連綿書。其內容為《十二月割帖》的不完全臨本，據學界考據用筆、紙張媒材等因素，此作大概率是米芾的臨仿之作。但即便是臨仿之作也一定程度上如實地反映了王獻之這種一行之內連綿，用筆外拓而能夠擺蕩牽連貫勢的技巧風格。

東晉・王獻之《十二月割帖》（局部），《寶晉齋法帖》卷一，舊拓本。較墨蹟本而言，牽絲略顯生硬，但一定程度反映出多字數相連的王獻之「一筆書」之勢。

東晉‧王獻之，《鴨頭丸帖》，唐摹本（本幅局部），唐摹本，絹本，26.1×26.9
釐米，上海博物館藏。

這件作品中用筆「外拓」，雖未見兩字以上一筆相連寫者，但筆意連貫流暢，
行氣貫通。如，「故」、「不」字之間，「明」、「當」字之間，「君」、「相」字之
間牽絲因細而絕，實則行筆未段，於是使得「故不佳」、「明當必」、「集當與君
想見」這樣三字、三字乃至六字相連綿的節奏。而像「丸」字末筆在字的右下
角向上翻轉收勢，後跳接到「故」字最左側的仰勢露鋒起筆，這是另一種形斷
意連的技巧使得連綿之中又留有氣口。這樣的用筆外拓，而能在行寬的橫向
幅度中嫻熟貫氣的特徵在他名下的另外一件作品《中秋帖》中也能夠看得到。

　　袁昂在評價衛恒的書法時，十分清晰地使用了美人作比，他說「衛恒書如
插花美女，舞笑鏡臺。」〔註46〕其中亦絲毫不見對於類似美人之美的貶義色彩，
只是用「插花」、「舞笑」的字眼傳遞了衛恒書法中的動作纖巧，靈動而媚好。

〔註46〕南朝梁‧袁昂，《古今書評》，《法書要錄》，卷二，第75頁。

戰國（秦）·佚名《石鼓文》，　戰國（秦）·佚名《石鼓》，（其一：靈雨石）原石，

（局部）北宋拓剪裱本，每頁　故宮博物院「石鼓館」藏。

18.0×10.4cm，存 480 個字，

明安國藏，「先鋒本」，現藏於

日本東京三井紀念美術館。

　　「媚」的使用出現較為清晰的貶義，則是在韓愈在看到了石鼓文之後大罵「羲之俗書趁姿媚，數紙尚可博白鵝。」〔註47〕韓愈之所以發出如此驚世駭俗的言語大罵王羲之為「俗書」，是因為看到了古拙的石鼓文。正如前文提到古質與今妍是相對的概念，相較之下，王羲之的書法則顯得過於搔首弄姿了。而石鼓文則是那麼自然、端莊、大氣。於是韓愈認為之所以王羲之能夠得到「盡善盡美」〔註48〕是因為這麼久以來石鼓都沒有出現，於是王羲之的過於「姿媚」的「俗書」才能夠趁機博得世人的青睞，居然還能留下「寫經換鵝」的故事。在此，媚與姿相連言，書風被定性為「俗」的，於是「媚」便牽上了「俗」的色彩。此前不久，書法批評中的性別色彩的出現，要數到唐太宗。他為了褒揚王羲之的「盡善盡美」，對於歷代其他書家都大加撻伐的言論中，用「無丈夫氣」批評過蕭子雲的書法〔註49〕像是蚯蚓和蛇，只有蠕動感，沒有跳動感。

〔註47〕唐·韓愈著，嚴昌校點：《韓愈集》，嶽麓書社，2000 年版，第 64 頁。

〔註48〕唐·李世明《王羲之傳·贊》，收入，唐·房玄齡等撰，《晉書》，中華書局，1974 年版，卷 80，第 2106 頁。

〔註49〕「子雲近出，擅名江表，然僅得成書，無丈夫氣，行行若縈春蚓，字字如綰

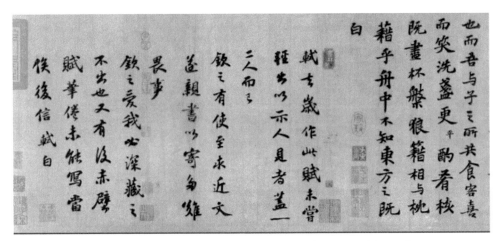

宋・蘇軾《赤壁賦》（局部）絹本，24.57×251cm，臺北故宮博物館藏。

《赤壁賦》在文學上也是中國文學史上的名篇，表現了東坡的由矛盾、悲傷轉而獲得
超越、昇華的心路歷程。

　　到了晚明，書風與書家的人品關聯而論的風氣已經發展的較為成熟，於
是韓愈式的「姿媚俗書」論調便被用於更多的書家身上。其中最為飽受爭議
的首數用筆偏於柔軟一路的書家。其中身為宋宗室而為「二臣」的趙孟頫在
人品上的「瑕疵」與其用筆的審美特質剛好相符合以「骨」的雙關缺失。成為
了書如其人的貶義的典型。明人馮班說，「趙文敏為人少骨力，故字無雄渾之
氣，喜避難，須參以張從申、徐季海方可。」〔註50〕

　　傅山的「四寧四毋」說成對地解釋了「巧、媚、輕滑、安排」過於經營，
不如自然的「拙、丑、支離、真率」〔註51〕，且明確說出自己看輕趙孟頫的

　　　　秋蛇……譽過其實」唐・李世明：《王羲之傳・贊》，收入，唐・房玄齡等撰：
　　　　《晉書》，中華書局，1974年版，卷80，冊7，第2107頁。
〔註50〕明・馮班：《頓吟書要》，《歷代書法論文選》，第555頁。
〔註51〕「貧道二十歲左右，於先世所傳晉唐楷書法，無所不臨，而不能略肖，偶得
　　　　趙子昂、董香光墨蹟，愛其圓轉流麗，遂臨之，不數過而遂欲亂真。此無他，
　　　　即如人學正人君子，只覺觚稜難近，降而與匪人遊，神情不覺其日親日密，
　　　　而無爾我者然也。行大薄其為人，痛惡其書，淺俗如徐偃王之無骨。始復宗
　　　　先人四、五世所學之魯公，而苦為之。然腕難矣，不能勁瘦挺拗如先人矣。
　　　　比之匪人，不亦傷乎。不知董太史何見，而遂稱孟頫為五百年中所無。貧道
　　　　乃今大解，乃今大不解。寫此詩仍用趙態，令兒孫輩知之勿復犯。此是作人
　　　　一著。然又須知趙卻是用心於王右軍者，只緣學問不正，遂流軟美一途。心
　　　　手不可欺也如此。危哉！危哉！爾筆慎之。毫釐千里，何莫非然。寧拙毋巧，
　　　　寧醜毋媚，寧支離毋輕滑，寧真率毋安排，足以回臨池既倒之狂瀾矣。」明・
　　　　傅山：《霜紅龕書論》，收入崔爾平選編點校：《明清書論集》，上海辭書出版

為人所以不喜歡他軟媚的書作，於是大罵趙孟頫的「熟媚綽約」是「賤態」。「予極不喜趙子昂，薄其人遂惡其書。近細視之，亦未可厚非，熟媚綽約，自是賤態，潤秀圓轉，尚屬正脈。蓋自蘭亭內稍變而至此，與時高下，亦由氣運，不獨文章然也。」〔註52〕

趙宧光在談論用筆的技巧時，細緻到手、腕的動作乃至與桌案的關係。他的批評提到了趙孟頫的同時也提到了蘇軾。他說「書法言執筆法，凡作楷離筆頭若干，作行書離若干，即不必詳其離毫離管之異，然與其過近，寧過遠，與其黏案，寧虛掌，以至與其浮動，寧堅執。近有不知書者譽一名家云：無論其書之妙，即觀其作字提筆，指間若無多重也。嗟乎左矣！無論古人掣筆故事與夫後世鐵管學法兩重公案，但腕中無力必不得佳書。縱令成就，不過蘇眉山、趙吳興輩軟弱弄筆、姿態媚俗之書耳，豈上乘乎！嗚呼，不善譬者，譽亦毀矣！」〔註53〕蘇軾向以「我書造意本無法」的尚意書風為書學史肯定，他一反過於推求經營的法度精謹。《赤壁賦》在其書作中已經算最為精謹之作，但斜向結字仍能看到書家崇尚自然書寫的審美祈尚。就其用筆中有肥潤圓轉的技巧而批判為「軟弱弄筆、姿態媚俗之書」是較為極端而少見的言論。趙宧光對於「軟媚」的態度也十分鮮明地嫁接到了書法的性別氣質中，他認為書法應當有「士夫氣」，軟媚的書風女裡女氣也算是「俗」的一種：「字避筆俗。俗有多種，有粗俗，有惡俗，有村俗，有嫵媚俗，有趨時俗。粗俗可，惡俗不可，村俗尤不可，嫵媚則全無士夫氣，趨時則斗筲之人，何足算也。世人顧多尚之，目為通方者有矣。」〔註54〕

清人楊景曾在《二十四書品》中仿照唐人司空圖的《二十四詩品》為書法美的範疇意義作解，其中「嫵媚」條曰，「無丈夫氣，博美人誇。纖不厭巧，濃不厭葩。投時利器，貽笑方家。」〔註55〕相較於傅山的「寧可不如」的局勢而言，此處將「媚」直白地解釋為沒有「丈夫氣」，更為直接地抨擊貶抑。楊景曾「如濟墨海，此為之涯。媚因韶誤，嫩為秀歧。但抱妍骨，休憎面娗。

社，2011年版），冊1，第561～562頁。

〔註52〕明·傅山：《霜紅龕書論》，《明清書論集》，冊1，第563頁。

〔註53〕明·趙宧光，《寒山帚談·用料五》，況正兵等点校，《藝文叢刊·寒山帚談》，杭州：浙江人民美術出版社，2018年版，第64頁。

〔註54〕明·趙宧光：《寒山帚談·評鑒六》，第79頁。

〔註55〕清·楊景曾：《二十四書品·嫵媚》，轉引自：周睿著：《士人傳統與書法美學》，南寧：廣西美術出版社，2017年版，第286頁。

有如豔女，有如佳兒。非不可愛，大雅其嗤。」〔註56〕

　　「媚因韶誤，嫩為秀歧」這類說法則是對於王文治等一類書風中流露出的「女子氣」的批判。書論中以「媚俗」被批駁得最厲害的要先看趙孟頫。趙孟頫所得品論者用筆上皆是類於缺乏骨氣的面貌上則多強調有女子的妍媚之態而無丈夫的雄渾之氣，傅山甚至將其「熟媚琢綽約」的特徵歸於一個「賤」字，然而所謂熟練、姿媚、雕琢、綽約等形容都是用來形容女性特徵的。這樣對女性氣質特徵的貶損影響十分深遠，這種觀念發展到了王文治的時代自然而然就形成了誤與歧的譏諷。

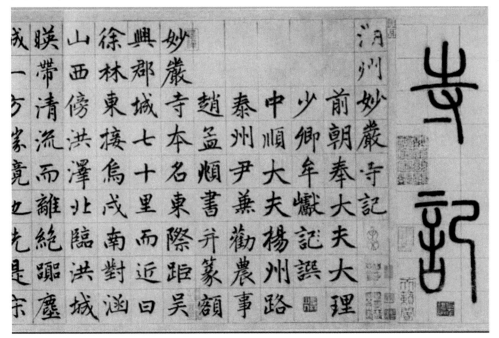

元‧趙孟頫《湖州妙嚴寺記》，（局部），紙本原稿，現藏於美國普林斯頓大學博物館，碑刻原石位於湖州趙孟頫紀念館。

趙孟頫書以圓熟見稱，而此件書寫放縱厚重，結體嚴謹，由方闊而為修長，用筆精到，風格沉著老練，雄勁挺拔，是其「軟媚無骨」的說法的一個反例。引首中「湖州妙嚴寺記」六個篆書大字可見趙孟頫的中鋒用筆的功力，藏頭護尾，勻而不弱。這種圓勻的美感也出現在他的楷書作品中，有時配合以入這件中的清晰轉折、起收筆動作，便見所謂「骨肉停勻」之感。

〔註56〕清‧黃鉞《二十四畫品‧韶秀》，收入，俞劍華編著：《中國歷代畫論大觀（第7編）‧清代畫論2》南京：江蘇美術出版社，2017年版，第250頁。

到了清代，王文治的書法本就沿用了趙孟頫精緻的結體，流轉圓熟，再加上董其昌秀逸的側鋒取勢，用筆飄逸，於是他的書作當中女子的秀媚氣質比起趙孟頫來更是有過之而無不及，所以得到的貶損也自不必言。人們對於趙孟頫詆毀多是建立在他生平中的那一塊抹不去的「污點」之上，所以從人品的角度來驗證書如其人的真理。然而，王文治並沒有叛祖叛朝的行為，未做過「貳臣」，人品上無處可指，於是批評貶抑之力就全權建立其女子氣質的角度之上如：「王夢樓秀韻天成，而或訾為女郎書。」〔註 57〕、「其傷於媚卻能使嚴重自持者，夢樓書非無骨，惜其樂與浮浪者伍，當可少正，故遂流而忘反」〔註 58〕「太守本天資清妙，學於思翁而沾習氣於笪江之上……輕佻一路，而姿態自佳，入秋娘傅粉，骨骼清纖，終不莊重耳」〔註 59〕……其中如「輕佻」、「女郎書」、「有傷於媚」等字眼鮮明地點出王文治書風中的「女子氣」，而「不莊重」、「輕佻」、「傷」等字眼則是清晰的批評色彩。這種語調不僅僅對於性別氣質色彩的形容或是描述，而似乎是站在禮教的制高點的強烈批判，並隱射著侮辱。

然而，如果拋開性別氣質論，王文治的書法優在其才氣淋漓，風度翩翩。其作品不論是秀逸雅致還是嫵媚多姿也都達到了尋常人所不能及的功力。雖然這是一種女子氣質的美，但也是可以體現書家獨具個性的才情，並且，這種風格在當是正是代表清代初期尚董之風的成功典範，就這一點來看，如說王文治的書法未能跳脫董書的範式，就藝術的表現功能和再現功能來說也是藝術家藝術能力的體現。而對於王羲之帖學書風以降歷代傳統的堅守也是書法審美的重要標準。而趙孟頫的書法成就，歷史的選擇早已給出了答案。所

〔註 57〕（清）楊守敬著，趙樹鵬點校，《學書邇言：外二種》，杭州：浙江人民美術出版社，2019 年版，第 39 頁。

〔註 58〕王朝聞：《中國美術史：清代卷（上冊）》，齊魯書社，2000 年 1 月版，第 413 頁。

〔註 59〕劉恒：《中國書法史（清代卷）》，江蘇教育出版社，1999 年版，第 112 頁。「近日所稱海內書家者，有三人焉：一為諸城劉文清公，一為錢塘梁山舟侍講，一為丹徒王夢樓太守也。或論文清書如枯禪入定，侍講書如布帛菽粟，太守書如倚門賣俏。余謂此論太苛。文清本從松雪入手，靈峭異常，而誤於《淳化閣帖》，遂至模棱終老，如商鼎、周彝，非不古而不適於用。侍講早年亦宗趙、董，唯自壯至老，筆筆自運，不屑依傍古人，故所書全無帖意，如舊家子弟，不過循規蹈矩，飽暖終身而已。至太守則天資清妙，本學思翁，而稍沾笪江上習氣。中年得張樗僚察真蹟臨摹，遂入輕佻一路，而姿態自佳，如秋娘傅粉，骨骼清纖，終不莊重耳。

以，對於趙孟頫、王文治的書法僅僅因為其有對於女子氣質的體現就加以等級、格調上的貶低，是有失公允的。

「性別氣質」的產生並非隨著藝術作品的誕生而「生就」的，而是論家們「造就」的。它造就於社會性的行為中，往往在主客體互動中，這種互動的參與者往往不是互為主體的，而是主客鮮明的。不論是女子的以姿媚人，還是書法作品中表現出的所謂「女子氣」的風格特徵有一個共性——為了服務於「看」。在男女之中，女子往往是被看的客體，於是舉手投足，插花弄鬢都是被「凝視」的對象。「凝視」是歷時性的，漫長的，於是為細節的展示留有了舞臺，同樣藝術作品也是如此——經得住「凝視」的作品往往嚴守精妙的法度，在對技術達到精妙至極程度之後自然會呈現出看得見的經營，也就是傅山說的「巧、媚、安排」。

清‧陳洪綬《仿古圖冊》（其四，共十二頁），每頁 17.8×17.8cm，美國大都會博物館藏。

清‧陳洪綬《仿古圖冊》（其十，共十二頁），每頁 17.8×17.8cm，美國大都會博物館藏。

事實上，所謂「巧、媚、安排」是藝術走向美的必經之路，在這條路上，藝術品要經得住凝視，勢必與人類性別中的被凝視的客體這一類的女子容出現共性。比如我們今天在大都會美術館中可以蛋刀一組陳洪綬的冊頁。其裝飾相關主題出現在陳洪綬早年的作品中，每一幀的主題都十分有趣味，比如鏡花的特殊技巧讓人想到女史箴圖中的用鏡子反映人物正面面容的情形；紈扇上的額菊花逼似到迷惑了蝴蝶，等等。而蝴蝶近睞紈扇上的菊花時，部分

翅膀被半透明的扇面材質所遮擋，但又能看得見。於是用淡墨呈現被遮擋的部分便很好地體現了扇面的輕薄。

在用筆和構圖氣勢上顯得較其成熟之後的作品來的稚嫩一些，但其趣味性的心性是一貫的。陳洪綬的作品中有許多巧思經營與細膩的安排，但他不論是書風還是畫風均未被斥責為「女子氣」過。

三、「插花舞女，低昂美容」——以褒揚之名的貶抑

「媚因韶誤，嫩為秀歧」式的言論是以明確的貶損之名批判，而對於女子氣質的另一種「插花舞女，低昂美容」式的踐踏打著的則是褒揚的幌子。在古代人物的品藻中，女子身上所具有的「媚」可以算作是正確的肯定的值得褒揚的氣質。「插花舞女，低昂美容」則是對於衛夫人小楷書的形容〔註60〕，美女簪花式的溫婉何不讓人心醉。到了唐代也會出現以「媚」的字眼來稱讚書法的。虞、歐、褚、薛四大名家中歐陽詢和褚遂良則是「媚」好之姿的兩種不同表現。《用筆論》是歐陽詢的學書箴言之集，他對於「剛則鐵畫，媚若銀鉤」的欣賞可以透露出他的思想對於代表性別的剛柔兩種特質並無高下之分的認知。《唐人書評》中對於褚遂良書法的介紹則以「法則溫雅，美麗多方」〔註61〕的高度評價呈現的。《書斷》的作者張懷瓘對他和宋令文的品鑒也都是以其「媚趣」表達的，他說「翰簡翩翩，甚得書之媚趣」是宋的特點；論及褚遂良時則高贊道：「河南真書甚得媚趣，似不任乎羅納之嬋娟，又似眢映春林有若瑤臺青瑣。」〔註62〕褚遂良作為唐代書壇最富媚趣的大書法家，其丈夫氣的缺損似乎並未得到過

多的置喙。其《倪寬贊》極盡窈窕合度端雅妍媚，《雁塔聖教序》則嬋娟婀娜溫婉動人，確乎能令人想見古典美人的細骨豔肌不勝羅琦之媚趣。褚遂良的字是肥美而端嬈的唐女子；「宋魯工」蔡襄的字則是姿媚的含情的宋才女，其書作之風流「少年女子，體態妖嬈，行步緩慢，多飾繁華。」〔註63〕這些論書之言皆認可了女子之美的重要性和存在的價值。但是此多品鑒的著眼點

〔註60〕「人書評衛夫人書，如插花舞女，低昂美容；又如美女登臺，仙娥弄影，紅蓮映水，碧沼浮霞。」宋・陳思，《書苑菁華》。
〔註61〕劉佳：《中華書法大全集》，高等教育出版社，2010年12月版，第42頁。
〔註62〕唐・張懷瓘《書斷・中》，唐・張彥遠著，范祥雍點校，《法書要錄》，人民美術出版社，1964年版，第286頁。
〔註63〕（宋）趙與時《賓退錄》，卷二，上海古籍出版社，1983年版，第20頁。

都在於與女子美的外在觀賞或幾近意淫的肉體想像，而出發點則是男子作為主題來對女子進行消費的評價性審美心態。

即便書法評論的語言體系中出現過對於書法作品的女子氣質褒揚，其論調與在褒揚女子書法作品時所常用的「丈夫氣」的論調根本是不同等的。所謂「丈夫氣」的所指是精神的、情感的、內在的、深刻的，而類似於「翩翩之姿」、「插花舞女，低昂美容」式的品評語言是借於女子的身段、容貌、裝扮等的比擬，是外在的、形式的、物化的、膚淺的，更是將女子物化為被消費對象的表現。

在女子已然處在被看者的地位時，這其中還同時存在著一個趣味排序的問題：對於審美這個行為活動而言，男子是穩坐在的施動者位置的主體，對藝術的欣賞和對女子的欣賞都是他的審美行為。而當一個男子對女子的欣賞還要帶著欣賞藝術的眼光時，人們都會認為他的品味更加高明。也就是說，「看女人」比「搞藝術」的趣味更低一級。所以說「媚趣」雖然也得到肯定，但遠比「丈夫氣」的品味也要第一個等級。

這一點同樣作用在女子藝術家身上，有這樣一個現象，即對於女性書法的讚美則是以其沒有「女子氣」為貴，如《宣和書譜》中讚頌唐代的薛濤時說：「婦人薛濤，成都倡婦也。以詩名當時，雖失身卑下，而有林下風致，故詞翰一出，則人爭傳以為玩。作字無女子氣，筆力峻激。其行書妙處，頗得王羲之法，少加以學，亦衛夫人之流也。每喜寫己所作詩，語亦工，思致俊逸。法書警句，因而得名。非若公孫大娘舞劍器、黃四娘家法，託於杜甫而後有傳也。今御府所藏行書《萱草》等書。」〔註 64〕王士慎則在《池北偶談》中誇讚姜淑齋的書法「不類女子」〔註 65〕。

書畫相通，尤其是到了元代趙孟頫清楚地提出繪畫的用筆當如何一一對應到書法的各種書體之中，此後繪畫中亦能夠看到書法的用筆功力。於是，畫畫的一類技法叫做「寫意」，畫竹也成為「寫竹」。趙孟頫的夫人管道升是歷代女書家中較為出挑的一位。她善寫竹，而後世人們對她的誇讚也離不開「好到不像女人」的說法。明代項聖謨輯錄李肇亨撰在《醉鷗墨君解語》中

〔註 64〕（宋）《宣和書譜》，北京：中華書局，1985 年版，第 244 頁。

〔註 65〕「膠州宋方伯子婦，姜字淑齋，自號「廣平內史」。善臨《十七貼》，筆力矯健，不類女子。」

（清）王士禎撰，勒斯仁點校《池北偶談》，卷十二，北京：中華書局，1982 年版，第 283 頁。

說，管道升的竹子有力量感所以「不似閨人手腕」〔註66〕；清代的安歧在《墨緣匯觀》中同樣認為管道生的竹枝勁挺，竹葉密布而錯落有致的樣子：「不似閨秀孅弱之筆」〔註67〕；清人吳其珍也因覺其用筆力道蒼勁，說管道升「絕不似女流」。〔註68〕這些用語中絕大多數談到不似女流之輩的風格是處於「筆力」的勁健。從生理的條件而言，女性自然會在力量上比較小。但是伏案的工作中所需要的其實是在強大的力量也是有的。流露於風格中的弱筆事實上並非性別的生理因素決定的。熟練程度才是書畫風格中所表現出的力度感的基石性原因。作為上流社會的女文人，或是已然處於男人文化圈裏的女子，得到這樣的褒獎自然是欣然的。於是，還有女子會恨自己不是男兒身，這種恨並非處於生理性別的差異因素，更多的還是豔羨男兒所享有的文化條件。比如據說柳如是便常常在與男性的交遊中自稱「小弟」。

故宮博物院藏有一卷趙氏一門的《一門三竹圖》。該卷為趙孟頫與妻管道升、子趙雍三人所繪墨竹合裱成的一卷。第一段趙孟頫畫竹，以淡墨畫出，濃墨加點，筆法溫雅厚重，墨色變化細膩豐富；第二段是管道昇畫竹，筆法文秀，墨色溫潤；尾段趙雍畫竹，筆法勁健，以重墨寫出，枝幹多見乾筆，更有一種生機勃勃之勢。如果說管道升此段墨竹與兩位男子的繪畫相較「頗見女性嫻淑氣質」〔註69〕，則嫌失之牽強。

我們的確可以看到三件作品總體風格的高度相似。在這樣的相似中，也更容易察覺出其中的差別。如果要說管道升與夫、子繪竹的差別，並不在於顯示出任何性別氣質方面的「嫻淑」，而是在於具體的繪畫技巧的差別。在筆力方面，第二段竹的筆力並非劣弱，不論是出鋒的速度還是用筆的中側鋒變化，都並不輸於二男子；其區別在於用墨的不同以及葉片的排布技巧

〔註66〕「吳興天聖寺有管仲姬畫墨竹一垛，老葉霜柯，勁挺不似閨人手腕……」明·項聖謨輯，明·李肇亨《醉鷗墨君解語》，《藝術叢編》，第一輯，第25冊，第2卷，臺北：世界書局，1968年版，第301頁。

〔註67〕「管道升畫墨竹……作竹墨（葉）竹枝，密葉勁節，不似閨秀孅弱之筆」清·安歧（松泉老人），《墨緣匯觀錄》，臺北：商務出版社，1964年版，卷四，第234頁。

〔註68〕「趙松雪、官夫人合婉有紙一卷，紙墨如新。管夫人畫一竿竹，趙松雪補一叢蘭花，各有題識，觀其用筆蒼健，絕不似女流……」清·吳其貞，《書畫記》，臺北：文史哲出版社，1971年版，卷二，第179頁。

〔註69〕參閱「中華珍寶館」《一門三竹圖》作品解說詞：http://ltfc.net/img/6135e9ca3e1c645961a6a5a6。

的差別。我們趙孟頫的墨竹中看到清晰的竹葉之間的濃淡變化，用墨的變化對比較為強烈，而第三段墨竹的用墨技巧則又不同。竹葉排布舒朗有致，葉片之間的大小對比與穿插也顯得經營用心，更為精彩的是用墨上不僅注意到濃淡的對比變化還是用到了枯濕間的差異。使得畫面更顯得活潑了。相較而言，技法上的具體差異可以落實到視覺的結果，且管道陞用筆的不失筆力也證明了，與其說是性別帶來的差異不如回到技術的差別。而這種技術的方式並非必是性別因素所帶來的，在兩性的畫手中都會出現高下之別。而人們常常會斥責的「女子氣」因素對應在用筆技巧上的細節特徵，也未必盡會出現在女子的手中。比如就趙氏一門而言，管道陞用筆的「骨」感顯然重於趙孟頫和趙雍，兩位男子的用筆更多有一種技巧性的靈活圓轉。比如「仲姬」的「仲」字，右半部分「中」的第二筆，橫折的轉折處，用筆見方，而不論是趙孟頫的中鋒運筆還是趙雍的中側鋒轉換，都在轉折處表現出圓轉特徵，嫻熟柔潤。

《（趙氏）一門三竹圖》紙本，37.5×290.6釐米，故宮博物院藏，局部一：趙孟頫畫竹。

　　這在本文第四章的部分筆者將再進行更為細緻的論述，即如果一個女性藝術家的創作水平很高則會被稱為是「藝術家」（如蕭嫻、游壽），並被誇讚為「丈夫氣」或「能像男人一樣思考」；如果一個女性藝術家的創作水平不是很高則會被稱為「女藝術家」，並由此不需要因水平的不夠高而汗顏。在此，這個的論斷可以加上一個內涵：「女藝術家」們（擁有美貌者還可加分，有則更好，無則也無大礙）的作品事實上可以作為自身的一個飾品而存在。一個能夠成為「藝術家」的女子，便是男性藝術場域裏的一員，也就是成為了一個「女男子」。而一個水平不夠高超的女性藝術家也未必要感羞愧，因為她可以將身份從審美者的位置退而回到被審視的領域當中，她的藝術中的「女子

「氣」也同時自動幻化作她的飾品，從而和她形成一個（層次上低於藝術的）被看的整體。這時候，「女藝術家」中「女」字成了重點，「藝術」水平就變得不那麼重要了。

《一門三竹圖》紙本，37.5×290.6釐米，故宮博物院藏，局部二：管道升畫竹。

《一門三竹圖》紙本，37.5×290.6釐米，故宮博物院藏，局部一：趙雍畫竹。

	趙孟頫	管道升	趙雍
題跋落款			

　　由此，男子所建立起來的藝術話語體系中所謂「丈夫氣」、「不類女子」等褒美之詞帶有強烈的性別歧視，表明了兩性之中，男性對一切代表文化的事物都有著絕對佔有權。以有否男性的氣質來評判女子藝術作品的好壞是一種男性對於藝術範式的建構權和審美評價話語權的表達，書法作為藝術形式亦不可幸免地成為了承載性別之間隱性的文化權力表述的一種形式。

第三章　民國女子書法的生存場域總貌

　　1912 年中華民國成立後，西學東漸思想蔓延，中國兩千多年的封建統治壽終正寢。中國的女性意識在這樣一個思想文化多元迸發、碰撞的時代中萌發。女子書家群體的幼苗也正是在這樣一個藝術文化和性別思想各自發展變化又相互交纏作用的連接點生根，成長。在這個節點上，西學的進入在帶來有學科化的治學方式和開放的思想與眼光同時激起了知識分子的國粹意識，於是文言文和毛筆的雙重廢黜並沒有將書法逐出文化圈。書法以其所代表的國粹符號和所激起的古典心態以學科化的方式演變著，生存著。任何一個藝術個體都因循著其中的運作規律。書法文化作為一種獨立並自為運轉的系統存在於中國文化史中。民國女子書法的風格首先可以作為一個在整個書法場域〔註1〕中生存的個體來看待。

〔註 1〕　所謂「場域」，是法國的布迪厄（Pierre Bourdieu）提出的一個十分重要的社會學概念。這有點像我們日常所謂的「圈子」，它的英文就是「field」，其意涵有界限感，有「領域」的意思。身處其中的個體之間具有網絡狀的關係，於是場域的特質以及其作用就彌散在場域內的每個角落，無處不在。我們也可以將場域想像為一個空間，而空間中具有著紛繁複雜的社會關係。這可以是鬥爭的關係也可能是聯絡性的關係。這張關係的網絡使得身處場域中的個體表現出除了個體特徵之外的場域共性。典範的例子是我們會感受到社會中有「經濟場域」、「學術場域」、「權利場域」等。而書法作為一門藝術，其承載者仍然是具有社會關係的人。我們自然可以將一個時代的書法大環境理解為當時的一種場域。參閱：倪代川：《文化與空間》，上海：上海人民出版社，2018年版，第 19 頁。（法）皮埃爾・布迪厄，（美）華康德著；李猛，李康譯：《實踐與反思 反思社會學導引》，北京：中央編譯出版社，1998 年版。

第一節　從「碑帖之爭」到「後碑學」時代

　　民國時期的書法近承清代餘音，遠溯商周古意，崇實黜虛，變古為新，進入了一個十分重要而特殊的發展階段。它既作為一段承前啟後的環節聯繫著整個中國書法史，又受特定歷史條件的作用而為謀求自身發展積蓄力量，是書法古今之變的轉折點。

一、「碑帖相安，金石為趣」──書法創作環境

　　清中葉以前，書法史的發展、演進概以「帖學」〔註2〕為主流。當書法的歷史發展到了晉代，篆、隸、行、楷、草等各書體都已形成較完備字形規範與筆法的典範。這些用筆的技巧在在二王之後慢慢落實為規則和法度，此後歷經千餘載，傳承有序。唐有太宗冠羲之以「盡善盡美」之名，把他推到無以復加的書史高度〔註3〕。唐代取人以「身言書判」為標準，即部，然後可以人仕。

〔註2〕「帖學」在學術門類上而言，是指研究法帖的源流優劣以及書跡的真偽等的一門學問；在書風上，則是指崇尚魏晉以下法帖的書法學派，與「碑學」相對。這種說法，也是繼「碑學」的出現之後，作為相對的範疇出現的。帖學的發端建立在北宋時期的《淳化閣貼》，以晉唐的行草小楷做為學書的典範，而《淳化閣貼》的輾轉翻刻、傳拓的為研究的對象和基礎。

〔註3〕太宗皇帝在為王羲之作的「贊」中極盡抑揚之能事把王羲之的書法抬舉到古今無雙，「盡善盡美」的位置。其中她先鋪陳王羲之之前的書史，簡介了書藝始於文字，說「書契之興，肇乎中古，繩文鳥跡，不足可觀。末代去樸歸華，舒箋點翰，爭相誇尚，競其工拙。伯英臨池之妙，無復餘蹤；師宜懸帳之奇，罕有遺跡。逮於鍾、王以降，略可言焉。」他在提到諸位古史中的書家時，便以看不到蹤跡作為不與褒言的理由，講到與王羲之時代相近或同時代書家時，便直言鍾繇的書法「美而不善」；大罵王獻之是「餓隸」，是「枯樹」，是一種病態的審美。他說「鍾雖擅美一時，亦為回絕，論其盡善，或有所疑。至於布纖濃，分疏密，霞舒雲卷，無所間然。但其體則古而不今，字則長而逾制，語其大量，以此為瑕。獻之雖有父風，殊非新巧。觀其字勢疏瘦，如隆冬之枯樹；覽其筆蹤拘束，若嚴家之餓隸。其枯樹也，雖槎枒而無屈伸；其餓隸也，則羈羸而不放縱。兼斯二者，故翰墨之病歟！」待到談及南朝的人，更是認為他們「譽過其實」，他說「子雲近出，擅名江表，然僅得成書，無丈夫氣，行行若縈春蚓，字字如綰秋蛇；臥王蒙於紙中，坐徐偃於筆下；雖禿千兔之翰，聚無一毫之筋；窮萬穀之皮，斂無半分之骨；以茲播美，非其濫名邪！此數子也，皆譽過其實。」
於是他的結論就是「察詳古今，研精篆素，盡善盡美，其惟王逸少乎！」王羲之不論是點畫還是結構還是筆意的連斷關係，倚正態勢都是最好的。其他人的書法，相較之下都不值一看──「觀其點曳之功，裁成之妙，煙霏露結，狀若斷而還連；鳳翥龍蟠，勢如斜而反正。玩之不覺為倦，覽之莫識其端，

擇人的標準有四：一曰「身，體貌豐偉；言，論辭辨正；書，楷法遒美；判，文理優長」。〔註4〕宋有《淳化閣帖》的權威〔註5〕，元、明亦是以帖學為主。直至清初，帖學大盛，康、乾二帝酷愛董、趙。在科舉入世的道路上，書法的重要程度甚至高過文章本身，因此對於文化當權者審美趣味的追捧迎合是難免的。以「烏、方、光」為特點，毫無個性可言的「館閣體」漸得以流行。是故帖學發展至明清，技法雖已然精熟，氣格卻不若舊時，淡去了書法作為藝術應有的追求。審美需求無法得到滿足，書家欲改變書壇萎靡的狀態，卻又受到文字獄的摧殘打壓，於是寄情金石考據成為文人聊以自慰的學問方向。〔註6〕清中葉，伴隨著大量碑版石刻、金石銘文的發掘，碑學開始以雄大厚重之美引導書法創作中的書風走向。

心慕手追，此人而已。其餘區區之類，何足論哉！」
唐・李世明：《王羲之傳・贊》，收入，唐・房玄齡等撰：《晉書》，中華書局，1974 年版，卷 80，第 2106 頁。

〔註4〕 鄧嗣禹：《中國考試制度》，吉林出版集團有限責任公司，2011 年版，第 81 頁。

〔註5〕 《淳化閣帖》，又名《淳化秘閣法帖》，簡稱《閣帖》，共十卷。其內容有：「歷代帝王法帖第一；歷代名臣法帖第二；歷代名臣法帖第三；歷代名臣法帖第四；諸家古法帖第五；法帖第六 王羲之書；法帖第七 王羲之書；法帖第八 王羲之書；法帖第九 王獻之書；法帖第十 王獻之書。」參閱：（日）中田勇次郎主編，於還素譯：《書道全集》，第 10 卷，臺北：大陸書店，1989 年版，第 5 頁。
可見，在《淳化閣帖》中，二王的書法，從第六卷到第十卷，在十卷中佔據了一半的篇幅，可見地位之重，作為了宋代書學的法帖正宗。

〔註6〕 清代的文字獄有著一種像「毛細血管」般的由主枝向下層滲透蔓延的生態特徵。向下延伸到個體的時候，人往往會以一個嚴於標準本身的規則來進行自我禁抑。於是文字獄的影響會大於這個規則本身釋放的能量，從而彌散在文化的各個地方。從事成體系的或者牽連性較強的學術便不如金石學、小學來的保險。參閱：王汎森：《權利的毛細管作用：清代的思想、學術與心態》，臺北：聯經出版事業股份有限公司，2013 年版。

清・黃易：《得碑圖冊・之四 濟寧學宮升碑圖》（局部），共十二開，天津博物院藏。
黃易是乾嘉時期的「訪碑第一人」，有「碑癡」之號。圖中，人們正在合力用繩子穿
過「碑穿」，用轆轤將一座圓首的碑向上提升。有黃易跋曰：「《尉氏令鄭季宣碑》，在
濟寧學宮戟門之東，下段入土。淮陰張力臣釋碑時，無力出之，深以為恨。乾隆丙午
八月，翁宮詹覃溪趨余升碑，因與州刺史、別駕成其事，復得下段七十餘字，以石柱
夾立焉。」

清・黃易：《得碑圖冊・之五 紫雲山探碑圖》（局部），共十二開，天津博物院藏。
圖中近景是訪碑時用的驢車，中景偏右有一些人物站在一處微微高於別處的坡上，欣
喜地發現不遠處地勢較低的地方又一方圭首的碑橫臥著。於是有人在觀望，伸手指
示，告知同行者，有人得到消息正在走近。

民國書法乘清末碑學餘緒，集前賢之睿智，縱勢為尚，變古為新，南北兼收。期間，各派紛呈、百花齊放。民國前期，書法創作的主要力量，仍是清末遺民書法家。他們大多生於道光、咸豐年間，其書法的創作風格發展至民國時期，已然人書俱老。作為書家，這些人身份的形成過程驚人的一致：在早年封建體質系統化的教育過程中打造了紮實的古文功底，並多博通經史；在青年時期接受西學的洗禮，從而傳統思想收受到新文化思想的衝擊。他們其中還不乏出國留學、具有民主與科學思想的新式人物，所以在思想上雖有守舊的影子但較其前輩已然開明許多。形象上，他們近於封建士大夫。清代的碑學書風大多運用於篆、隸、楷三種書體，沈曾植重視並取法於清代碑學，但他的創作手法已然走出這一侷限，他的行草書富有奇崛的靈動之感。在他行草書中的體勢、筆意所表現的深絕的楷書功底和獨有的翻折筆觸，為民國的碑學走向開創了新的局面。康有為對於碑學思想的推崇則是到達了無以復加的境地，其書法作品對於「重」、「拙」、「大」的特點表現幾近偏執。而吳昌碩的突破口則在於石鼓文，他的篆刻得力於古篆的書寫，而他的行書則得力於篆刻的金石之氣，厚重拙然，「古」意濃鬱。沈尹默帶著古典主義的心態引領一些書家掀起了一場回歸二王秀逸雅致的神韻書法運動。于右任成功地融儒雅之氣於魏碑之體，使得寬博厚重的碑派美學成為行書的一種新審美，這對民國時期的書壇影響深遠。此間書壇處於動態之中，總覽民國書壇，有五大派別最為重要：

清·康有為，《行書直諒縱橫七言聯》，紙本，174.5×45.5cm×2，廣東省博物館藏。

清‧沈曾植，《臨魏碑楷書屏》，紙本，147cm×40cm×4，西泠印社藏。

沈曾植為清末民初的「碩學通儒」，晚號寐叟，蜚振中外。書法早精帖學，得筆於包世臣，壯年嗜張裕釗；其後由帖入碑，熔南北書流於一爐，窮魏碑，極章草，創造了奇峭博麗的沈體書法。曾熙評價其書曰，「工處在拙，妙處在生，勝處在不穩」。

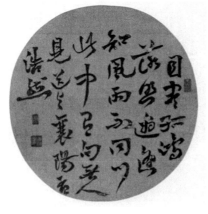

清‧沈曾植，《草行楷團扇四屏》（其一、其二），絹本，19.5×19.5cm，浙江省博物館藏。

　　「吳派」代表吳昌碩，楷書始學顏魯公，繼學鍾元常；隸書學漢石刻；篆學石鼓文，用筆之法初受鄧石如，趙之謙等人影響；行書，得黃庭堅、王鐸筆勢之攲側，黃道周之章法，個中又受北碑書風及篆籀用筆之影響，大起大落，遒潤峻險。

　　康有為崇尚碑學，理論有《廣藝舟雙輯》傳世。以他為代表的「康派」影響極其深遠，波及海外，徐悲鴻、劉海粟、蕭嫻都是他的書法弟子。康氏主張提倡「卑薄四王，推崇變法」，他「尊魏卑唐」的思想對民國書壇的創作風格有著十分重要的影響。

清·李瑞清，《雙魚來禽五言聯》，南京大學考古與藝術博物館藏。

胡小石，《「夕宿盦」鏡心》，紙本，1939年作，35×111cm，隸書，私人收藏。

　　鄭孝胥書法由帖入碑,「卑視晉唐格轍」,工楷、隸,尤擅行楷,取法歐陽詢、蘇東坡等,是「鄭派」的代表,沙孟海曾贊他作品「筆力很堅挺,有一種清剛之氣」。鄭氏雖因漢奸身份為人們所不齒,但其造詣在國內外的書法領域所產生的深遠影響是無法忽略的,其弟子有徐志摩、林語堂等學者名士。

清·吳昌碩,《篆書臨石鼓文軸》,紙本,174×80cm,上海博物館藏。

　　「李派」代表，金石學者李瑞清的書學熔古鑄今，至博且精，勇開風氣，是近代高等書法教育的先驅，影響至今。其門生胡小石〔註7〕等也是書法教育家。

　　以「當代草聖」于右任為代表的「於派」影響極深。他的創作特色是以碑入草，所倡導的標準草書以「易識、易寫、準確、美麗」為標準〔註8〕，欲從提高實用性的角度保全書法的存在。「於派」高徒輩出遍布海內外。雖于右任的標準草書以實用性為主要目的，他的書法創作卻還是崇尚碑學的。

　　民國書壇五大名家雖有多以碑學面貌為重者，但其帖學的功底仍在。書壇之中除此五大名家外亦有許多以帖學為重的書法大家。尤其在民國中葉以後，帖學比重上升，以沈尹默為首的書家掀起了一場「回歸二王」的書法運動，提倡帖學。在此過程中，沈形成了自己秀穎雅致的書法風格，成就了一代名家。

　　總體而言，民國書法創作既對清代碑學有繼承，又擺脫了碑帖學相對立的局面，廓清了思路，使得碑學、帖學得以交融互補。筆者認為，民國中後期帖學的回歸併不代表碑學的退位。相反地，相較於清末民初的書壇碑學風靡的情況，帖學回溫與碑學兼容的狀態才是碑學元素正式平緩而肯定地坐落在書法審美範圍內的更為合理更為穩定的狀態。經歷過了清中葉碑學的源起階段，經歷了康有為等人對帖學的貶低和對於碑學幾近狂烈、偏執的推崇過後〔註9〕，在書法的審美方式中才正式完成了碑學從無到有的轉變過程。有人將民國時期稱為書法的「後碑學」時期，那麼筆者認為，若以碑學的發展來劃分，「後碑學」時期則應該是從民中葉開始往後；「碑學」時期則是從清中葉

〔註7〕 胡小石，名光煒，字小石，號倩尹、夏廬，齋名願夏廬，晚號子夏、沙公。江蘇南京人，原籍浙江嘉興。國學大師、文字學家、文學家、史學家、書法家。於古文字、聲韻、訓詁、群經、史籍、諸子百家、佛典、道藏、金石、書畫之學，以至辭賦、詩歌、詞曲、小說、戲劇，無所不通，尤以古文字學、書學、楚辭、杜詩、文學史最為精到。曾任金陵大學教授，中央大學中文系教授兼系主任、文學院院長，南京大學中文系教授兼系主任，文學院院長，南京大學圖書館館長，與陳中凡、汪辟疆並稱南大中文系「三老」。他是女書法家游壽在金陵大學攻讀書法碩士時的老師。

〔註8〕 「隋唐以來，學書者率從《千字文》習起……乃立原則：曰易識，曰易寫，曰準確，曰美麗。」于右任：《標準草書·標準草書自序》，上海：上海書店出版社，1983年版，第3頁。

〔註9〕 事實上，康有為到了自己的晚年也終於承認其書法無法也不該完全脫離帖學的基礎。

「碑學」這一概念出現到民初大盛的時間段；而「前碑學」時期則是指清中葉以前，其書法行為則表現為像黃庭堅注重在帖學的形式中表現石刻的風姿的創作之類。

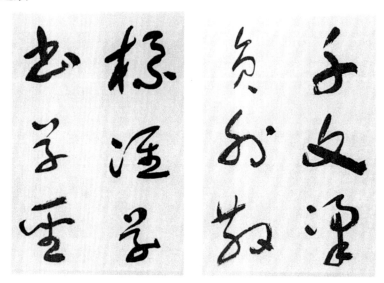

于右任，《標準草書草聖千文》（大字本局部），紙本，高 27.2cm，1959 年作，私人收藏。

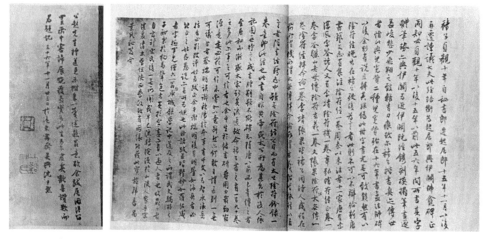

沈尹默：《跋（傳）褚遂良〈大字陰符經〉》，紙本，高約 21cm，美國舊金山亞洲藝術館藏。

沈尹默，原名君默，以學帖震名。在碑上也下過苦功，於行草書，從米南宮而釋智永，而虞世南，而褚遂良，再上溯二王，又博覽歷代名跡，眼界大開。這是沈尹默書法生涯中一個關鍵時期。此件作品可見其秀雅、俊美的個人風格。

二、「後碑學」書法大環境下的民國女子書家分類

蕭嫻，《「書城學海」四言聯》，
《蕭嫻書法選》，第 1 頁。蕭嫻的重
筆大字，風格、氣勢極似康有為。

游壽臨金文作品。

　　「權力並非一種制度，並非一個結構，也並非某些人天生就有的某種力
量，它是大家在既定的社會中給與的一個複雜的策略性處境的名稱。」〔註10〕
在整個書法環境中，對女子書家產生作用的有高階層的權力範式，有比肩共
進的同儕壓力，也有自身個性所帶有的不可替代性。

　　二十世紀的書壇，素傳有「南蕭北游」的佳話。「南蕭」即身居南京的蕭
嫻，康有為書法的嫡傳女棣；「北游」即長居北國的游壽，胡小石的國學碩士，
李瑞清金石書風的第三代傳人。

〔註10〕（法）米歇爾・福柯：《性經驗史》，佘碧平譯，上海人民出版社，2000 年版，
　　　　第 67 頁。

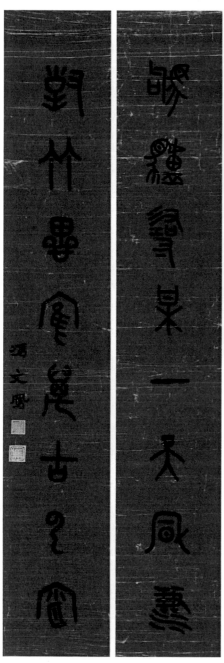

上圖：馮文鳳（右）創作狀態。

左圖：馮文鳳，《「騎驢對竹」八言聯》，篆書。今天，網絡上仍能見到譽馮文鳳為「民國第一美女書法家」者。馮文鳳的作品中不乏篆隸書體，用筆嫻熟而溫潤。

　　人們往往慣於將兩位對立比較談。其實，游壽書法的「金石味」本源出於寧滬，與蕭氏書法的「碑版氣」皆為碑學族譜中的兩個血脈，二者並未形成對峙。有人認為蕭、游之間的比較價值和範圍是有限的，其相似性大於差異性，如：皆身為女子、皆高齡大家、皆師出名門、晚年皆孤寂清寒、書風皆趨男性

化、皆為「碑學」書法流派的守門人等。事實上，民國時期碑派女書家中代表除了游壽、蕭嫻還有馮文鳳、張廣仁、陳勵修、莊閒等，但其餘雖也以碑作為習書的風貌，其成熟的風格卻不若前兩者來的更有鮮明的雄強遒美特質。

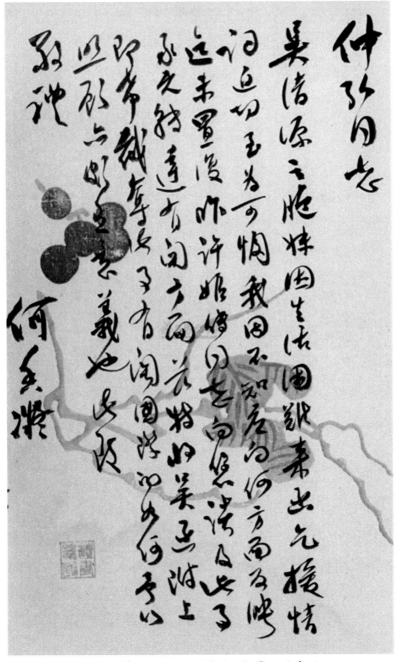

何香凝手書信札，可見鮮明的帖學一路書風。

在尚碑版、崇金石成為民國時期女性書法的主要特徵的同時，傳統帖學在民國時期女性書家中也有其存在的市場。經歷了漫長的歷史傳承帖學自有其豐富的底蘊，只是由於作為皇權的符號延伸，清朝時將書法的範式不自覺地圈定而侷限在了董、趙之間。當辛亥革命過去，「兼容並包」的學風興起之後，大批的書家自發地研習帖學，創作起來較為自由隨性的字體。此時的書家直探傳統的堂奧，並吸收了漢簡、敦煌寫經，使書作範圍變得更為廣闊、內容更加豐富。帖學儘管在民國時期女性書家中影響並不十分廣泛，但仍存在於同時期的女性書家的創作之中。此時，體現帖學書風的代表性女性書家有何香凝、湯國梨、厲國香。然而實際上，進入民國時期後書法創作的風格很難嚴格地界定某一家是寫碑還是寫帖，而只能在總體特徵的風格上進行定位。時下更多的書家在嘗試著碑帖融合，有以碑馭帖者，有以帖化碑者，進而形成自己的風格。體現碑帖融合的代表書家有袁曉園、張默君、李聖和等。

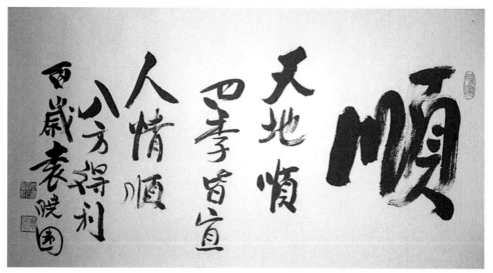

袁曉園書法作品，《順》。

第二節　國粹心態下的民國書法理論

由於西學中用思想的影響，隨著封建文化的壽終正寢，所謂的國學不得不在西方科學的文化價值標準下尋求重新定位。在文學、歷史、美術都找準了自己對應的西方學科座標優美地降落到新的學術世界領域時，語言學也找

到了自己一塊柔軟的草地。於是，書法失去了原先泛文化語境的支撐力量——毛筆和文言文。也正是由於西學的進入，國運的衰微反強化了國人的自我存在意識。於是國粹的保護意識得到了強化，書法便成為了知識分子以古典心態加以宣揚保護的國粹符號。

　　西學的進入，還使得東西方文化的比較有了可能性。他們將書法放在現代大文化環境中加以對照和解讀，這使得此類書法理論在現代美學領域有了進步。從現代美學立場看，書法被視為民族藝術的最高象徵：

　　梁啟超在北大發表《書法指導》演講的年份恰是吳康兩位碑學重量級大師辭世的 1927 年。此中，梁啟超從中西美術比較的角度論述了書法現代化的美學價值：「美術，世界所公認的為建築、圖畫、雕刻三種。中國於這三種之外，還有一種，即寫字。外國人寫字，亦有好有壞，可以區別，但以寫字為美術看待的，可以說絕對沒有，……寫字有線的美、光的美、力的美、表現個性的美在美術上價值很大，或者因為我喜歡寫字，有這種偏好，所以說各種美術之中，以寫字為最高。旁的所沒有的優點，寫字有之，旁的所不能的，寫字能表現出來」〔註11〕。這些觀點在當時可謂振聾發聵，在今看來也是卓見。梁的這種現代性美學觀點在宗白華和朱光潛的美學思想中得到傳承。朱光潛從移情說的角度對書法進行闡釋：「書法可以表現性格和情趣，書法不僅是抒情性的，而且可以引起移情作用。我們說趙孟頫的字秀媚，柳公權的字勁拔，都是將墨塗的痕跡看做有生命有性格的東西。」〔註12〕朱光潛的看法超越了古人「書如其人」的人格論而立足於本體論來對書法加以闡釋。而宗白華則在此基礎上加入了對於別種藝術門類——音樂的通感——節奏的重要性：「中國的書法本就是一種類似音樂或舞蹈的節奏藝術。中國音樂衰落了，而書法卻代替了它成為一種表達最高意境與情操的藝術」〔註13〕。1932 年，在《中西畫法所表現的空間意識》中，他又加入了書法作為空間單位的意義：「書法的結構是一個有筋骨有血肉的生命單位……幾乎可以從中國的書法風格變遷來劃分中國藝術史的分期，就像西洋藝術史依據建築風格的變遷來劃分一樣」〔註14〕。

〔註11〕梁啟超：《飲冰室文集》，上海中華書局，1936 年版，120 卷，第 3115 頁。
〔註12〕朱光潛：《談美》，安徽教育出版社，1997 年 10 月，第一版，第 23 頁。
〔註13〕楚默：《書法解釋學》，百家出版社，2002 年版，第 347 頁。
〔註14〕宗白華：《美學散步》，上海人民出版社，1981 年，第一版，114 頁。

　　雖然三位學貫中西的大儒對於書法的片段性偶發論斷形成了書法美學的一條現代化發展軌跡，但這畢竟不是有學科獨立意識的，故而只能體現一下其存在，既而歸於寂滅。在書法美學因缺乏文化支撐而不能得以發展時，二三十年代史學研究和實用性研究成為主流。與創作不同的是，回歸乾嘉考據學派的研究模式代替了被消解的碑學近代思辨性體格。如果說碑學的張揚個性是一種現代化或近代化的體現，那麼書法理論的這種對於樸學式考據的回歸則是從近代向古典的逆溯：

　　方弱的《校碑隨筆》為碑刻鑒賞界的資料提供了權威，葉昌熾的《語石》、陸增祥的《八瓊室金石補正》對碑版的各方面知識進行了全面的敘述，楊守敬的《學書邇言》是日本書學的重要教材。這些著作雖以北碑為研究對象，但內容皆為年代、出土、形制、拓本、流傳等方面的考據研究，並不具有近代藝術理論的思辨精神。同時，對於甲骨文、金文、敦煌漢簡研究大熱：1920年羅振玉編《雪堂書畫跋尾》，1924年馬衡的《金石學》出版，1925年容庚的《金文編》出版。可惜皆非從書法的角度關注而是以文獻學、文字學等角度考據。

　　到了三四十年代，史學研究大熱：自沙孟海的《近三百年的書學》以宏觀、系統的格局佔據了史學研究方法的至高點後，馬宗霍的《書林藻鑒》和《書林紀事》、祝嘉的《書學》和《書學史》、胡小石的《中國書學史緒論》、李建的《中國書法史》、李公寓的《中國書法史》等書法史學翹楚噴薄而出。

　　「標準草書」是綻放在民國的書學研究中一朵不容忽視的奇葩：「從民國初年到中期，我們在書體史研究上發現了一個幾乎獨立的學術系統。這是個非常奇怪的現象。非但在清代的北碑派理論家那裡沒有這樣的研究密度，而且在當時，作為書體研究的篆、隸、行、楷等對象也沒有如此的規模——是書體的而不是風格的；是全方位的而不僅僅是述史的；這就是草書（偏於章草）的專題研究」。〔註15〕標準草書的發展，漸去風格的意義。倡章草最力的章太炎及其弟子錢玄同以章草為漢字書寫的最簡形制，故認為其最利於實用。于右任在此思想的基礎上開展標準草書運動也毫不隱晦其經世致用的目的：「廣草書於天下以求製作之便利，盡文化之功能，節省全體國民之時間，發揚民族傳統之利器，豈非當今急務歟」〔註16〕。

〔註15〕陳振濂：《現代中國書法史》，《書法研究》，1999 年第 3 期，第 73 頁。
〔註16〕劉延濤：《于右任先生書學論文集》，商務印書館，1947 年 5 月版，第 1 頁。

于右任《標準草書》書影。

　　書法向近代化的轉向由清朝碑學理論開啟，它基於個性的自由發展的思想泛化於近代。近代的書法仍與文人資格的標誌掛鉤，碑學理論的目的即在於解救書法的文化地位和價值體繫於帖學的頹勢之中。繼康有為《廣藝舟雙輯》對於碑學幾近癡狂的推捧後，在創作上書壇已然平緩地進入了「後碑學」時代的碑帖交融；相應的，理論上也應有著眼於此的專業化理論著作出現。然而由於西學的作用，學術大方向朝著金石考據回溯給「後碑學」時代的書法理論遺留了一片空白。

第三節　「去泛化」語境帶來的學科化教育

　　民國時期，書法藝術成為了一門獨立的藝術學科，在學校教育方面，受「新學」影響，由許多書法大家、文化名人提倡或躬行辦學，一改千餘年來單一的師徒授受的教育方式，走進課堂，成為現代學校教育的科目之一。蔡元培作為中華民國教育總長提出美育的教育方針：「注重道德教育，以實利主義教育、軍事教育輔之，更以美感教育完成其道德教育。」〔註17〕

〔註17〕舒新城：《中國近代教育史資料（上）》，人民教育出版社，1985年版，第226頁。

在初級的書法教育中，民國的私塾作為小學教育師資不足時的補充，其書法教育是一種注重實用的寫字訓練，並未進入純粹的藝術教育的範疇。但是，它為書法學習打好「童子功」的基礎培養提供了良好的氛圍。小學校的書法教育則是在北洋政府召開「臨時教育會議」公布教育宗旨後，以貫徹蔡元培在中國教育史上第一次公然提出「美感教育」為目的。書法多由國語或圖畫課教師傳授，學生的作文規定由毛筆書寫，順序為自右向左、自上而下的傳統書法格式。1928 年後，校園內還張貼有國父墨寶的影印品，通知、告示等也皆由毛筆書寫。書法氛圍良好，適於美感教育。

中等級教育中，從科目設置上雖無書法課，但國語課程作文提供了練習書法的機會。國語教師本人往往書法較高，許多中等師範學校，從校長到任課教師的擔任者都為前清進士、舉人、貢生與秀才，其書法功底不必贅述。如設立於南京白下路之「江蘇省第四師範學校」，校長仇埰即前清舉人，又有王瀣、王東培等書家學者執教。〔註 18〕此外，有專職書法教師本人就是國內外書法大賽的獲獎者〔註 19〕。

從高等級教育來看，綜合性大學、藝術、高師校院及國學研究生班等，都開設了書法教育的課程。1898 年成立於北京的京師大學堂〔註 20〕為我國綜合性大學之首創。該校 1917 年成立書法研究社，擔任其導師的有馬衡、劉季平、沈尹默三位名家，由此掀起了北大的一股學書熱潮。為造就專業的美術教育者，兩江師範學堂〔註 21〕開我國高等師範學堂設立「圖畫手工科」之先河，書法即為其中一門。1928 年，該科轉變為國立中央大學藝術學系（後發展成為南京師範大學美術學院），由徐悲鴻、呂鳳子、張大千、高劍父等人任教。其後北洋師範學堂（位於河北保定）和浙江官立兩級師範學堂（1908 年

〔註 18〕20 年代初畢業於此學校者有蕭嫻、唐圭璋等書家。
〔註 19〕例如，莊閑（1872～1956），字繁詩，法名妙道。江蘇武進人。莊蘊寬之妹。幼失怙，聰穎好學，書習北魏碑帖，與其姐曜孚在本邑合辦書畫展。1910 年參加南洋第一次農工勸業會書法比賽，獲金牌。曾任常州女子師範書法教員，晚年出家。所書《妙法蓮華經》四冊出版行世。參見《中國書法鑒賞大辭典》下冊，1374 頁。
〔註 20〕京師大學堂於 1912 年更名為北京大學。
〔註 21〕初名三江師範學堂（1902～1905 年間），1906 年 5 月更名為兩江師範學堂，李瑞清任監督。創中國高等學校中第一個圖畫手工科，培養了中國第一代近代化美術人才和藝術師資。於 1911 年（辛亥革命爆發後）停辦，於 1914 年續辦。

於在杭州建立）也相繼開設美術科系。值得注意的是，擔任此些學校的教席、校長或監督者，如：柯紹忞、繆荃孫、經亨頤、陳三立、李瑞清等，皆具很高的書法修養。所培養學生更有如姜丹書、呂鳳子、豐子愷等著名美術教育家。豐子愷與吳夢非、劉質平還以私人財力於 1919 年創辦了上海專科師範學校，讓金石書畫得以代代相傳。

游壽，《有感》，行書。「聞徵奇字問子雲，江南彈射久紛紛。交親零落者宿盡，不知何人作殿軍。」

游壽是民國女子收到高等教育而裨益於書法創作的典範。她師從於胡小石，學術上精通金石、古文字學。從本帖的跋文中，也可以看到游壽在新中國成立之後，可以算是首屈一指的古文字學家。到了晚年，游壽的創作減少了大尺寸的書寫，而是回歸文人尺幅的創作。她在《隨感錄》中也提到，書學是學術的附帶品。她說，「我不是寫字的人，大部分時間考研文字。……許多老友以賤書有金石氣，非儕輩所及，這不過是受我的專業的影響。」

　　經過了「西學」的洗禮，經歷了「去泛化」的洗劫，書法雖然失去了原有的文化中心地位，卻也更好地從實用功能中解放了出來，以純藝術的角色得以保全，以一門學科的方式得以開展，同時在也更易於明確地符號化為文人或者文化的標誌。

　　在公共教育方面，作為正式學校的補充，民國時期湧現了許多的書法名家組辦的書法社團。它們儘管擁有不同的名稱使用不同的教材，其目的卻指向一個：傳書法之道。如鄭孝胥於 1918 年創辦的上海有恒心字社，以課舊家子弟為己任；宣古愚、黃炳紅於 1933 年創辦的貞社化展覽、議論、講解為一爐；戈湘嵐於 1930 年創辦的上海學友書畫社為職員開設書畫課程的同時幫助中小學印製教學品。還有北京藝光國畫社、漢魏筆法研究社等都有書法名家躬身為書畫愛好者開班講學過。

蕭嫻書寫狀態影像。

　　政要類公眾人物的代言起到了不容忽視的作用為，也給書法教育提供了一個「書以人傳」的文化氛圍。民國時期，「所有政治人物，不論政治主張和立場如何，不論個人藝術素養高下，皆能身先士卒，帶頭弘揚書法藝術。中國國民黨方面如孫中山、胡漢民、林森、黃興、蔣介石等；中國共產黨方面如李大釗、周恩來、毛澤東、陳獨秀、董必武等；包括袁世凱以及負漢奸之名的鄭孝胥、汪精衛等，都有相當的書法功力。他們於報刊雜誌、名勝古蹟的題詞、題字或來往信札，或為學人著述題簽以及批示公文等都須臾不離書法，深知書法藝術是國粹，是民族傳統文化，具有深厚的民眾性。他們喜愛並且運用書法，便會對民眾有極強的號召力。況且，他們都是從舊學模式中被培

養出來的，有些人的書法水平決不遜於專業書法家。」〔註22〕政治家們對於書法的熱愛和保護的原因一則是出於自身對於傳統藝術喜好，情感所致，二則是處於對身後名的擔憂，政客們明白，喪失一門國粹所要背負的罵名不會比喪失一片國土要來的少。

除卻以講學為形式的教學課程、以耳濡目染為陶冶的社會文化大環境外，開放的美術展覽活動也是很好的公共教育資源。民國時期美術展覽的興起，是對法國的沙龍展、日本的官展等美術活動模式進行借鑒的成果。

學科化的教育體制為女子書法家成為體制內的教育者提供了良好的環境和成熟的條件，於是許多女子書法家得以在藝術教育上發揮積極的作用。另外，「去泛化」的文化語境使得書家多走上職業化的道路，女子書家當中自然亦有此類產生。書法女教師和職業女書法家生存在整個書法大環境當中會自覺或不自覺地向主流的風格或理念靠近，這在民國的書法環境中則自然體現為雄強、厚重的碑學審美風格。

當然，中外文化交流的過程中帶來的不僅是科學化的治學方式和開放的藝術氛圍，更有西方資產階級民主平等的思想。隨著民族資本主義在中國的發展，蒼茫荒蕪的大地上催生了女性主體意識的萌芽。

〔註22〕孫洵：《民國書法史》，江蘇教育出版社，1998年9月第1版，第5頁。

第四章　民國女子書家群體狀態

　　氤氳於民國變而未衰的書法大環境中，又得女性自主平等意識的影響，民國的女子書家以群體的形象顯現出了史上從未有過的活性。不論是以書法家為首屬頭銜的職業女書家還是以畫為主但善書能寫的女畫家都表現出極強的社會參與性。她們受民國書壇大環境的影響，創作風格上多元豐富，在女性主義思潮的影響下又能以自己所擅長，熱情地參與到各種或與男子相伴或自為組織的社會活動中。形成了歷史上一道亮麗的風景線。

　　20 世紀初，多數知識女性順應當時的新文化潮流走出閨閣，通過構建書畫詩文風格來表明她們的藝術力自覺。如 1934 年在上海成立的「中國女子書畫會」，是中國歷史上第一個由女性自發組織的女性藝術家團體，曾多次以舉辦書畫展覽的方式向社會展示民國女子的書畫才情，同時與男子書畫家交流互助。女子書家，除了以社團為規模的集體藝術活動外，女書家如蕭嫻等也有以個人為單位走進男子帶頭組織的賑災等活動，以自己的藝術能力作用於社會。

第一節　從「新賢妻良母」走向「女國民」──民國女學思想的發展

　　中國近代以來的女權運動為女子解放了肉體上的束縛，獲得了教育的平等權利，爭取到了婚嫁自由的社會地位，拓寬了精神生活的廣闊視野；為民國女子書家的藝術活動提供了主觀能動上的可能性，給予了她們自由的空間。

民國時期的女性運動彷彿一雙正在醒來中的睡眼，正在睜開，卻仍惺忪迷蒙。民國女子書法的審美或說「被審美」特質與當時的女性主義運動有著深刻關係。近代中國女權思想的一個顯著特徵是男性化傾向的日趨明顯。這一點是利弊同時存在的。在女性同胞尚未意識到要獲得解放的背景下，由已經充分意識到的男性為領導者來指引女性解放，可行性非常高，利處在於它能有效的推動近代中國女性的解放進程，不利的一面是它給從此以後的女性解放運動增加了莫大的難度。

以「強國善種」為緣起，女子教育思潮打開了中國婦女解放的大門。近代女性教育的目的從成為家庭中的「賢妻良母」向社會性「女國民」的轉變發展為一條主線。「賢妻良母」，作為封建社會傳統女性的優良品格而得到了世代的繼承。這一個詞的確是孕育於封建社會並納入到社會倫理規範的意識形態裏的表徵，但其幸存於摧枯拉朽的反封建革命中，並逐漸發展為中國近代女學思潮的要義，經梁啟超、秋瑾、胡適等人的思想革新，有三個發展階段：「賢妻良母」、「新賢妻良母」和「超賢妻良母」。

「上可相夫，下可教子，近可宜家，遠可善種」〔註1〕是梁啟超在《倡設女學堂啟》中明確倡導「賢妻良母主義」的代表性言論。甲午戰後，民族危機加劇，越來越多的有志之士開始倡導興辦女學。以康有為、梁啟超為代表的維新派倡導女學：「女學最強者，國最盛，不戰而屈人之兵，美是也。女學次強者，國次盛，英法德日是也。女學衰者母教失，智民少，愚民多，如是國亡所存者幸矣」〔註2〕，把興辦女學與國家與民族的生死存亡聯繫在一起，認為唯有培養有學之女子才能達到強國保種，拯大廈於將傾的目的。以此女學造就了「相夫教子」人材的教育宗旨由此形成。1898年，經正女學堂公布的《中國女學會書塾章程》中也提出了「啟其智慧，養其德性，健其身體，以造就其將來為賢母，為賢婦之始基。」〔註3〕的教學宗旨。其後不久，以陸費逵、侯鴻鑒為代表之有識之士為「賢妻良母主義」明確歸納了教育目標：「一、養成健全女子的人格；二、養成賢母良妻；三、於男子能養家之時代，從事無害生理無妨礙家庭的職業；四、預備充足的實力，在必要的時候要替男子代勞部

〔註1〕梁啟超：《倡設女學堂啟》，《時務報》，1897年11月15日。
〔註2〕梁啟超：《變法通議・論女學》，《飲冰室合集（第一冊）》，中華書局，1941年版，第37頁。
〔註3〕虞和平：《辛亥革命百年紀念文庫・經元善集》，華中師範大學出版社，2011年7月版，第75頁。

分社會事物」〔註4〕。這種觀點認可了女性的主體人格，肯定了其社會地位，強烈地衝擊了「女子無才便是德」這種腐舊的觀念，有力地挑戰了傳統意義上的女子家庭地位，對女子在家庭和社會中所扮演角色的近代化轉變和升級起到了一定的積極作用。

在參與社會事務的過程中，女子之間亦增進了交流。何香凝與秋瑾在 20 世紀初葉，曾先後東渡日本求學。她們在孫中山、黃興等通過革命推翻清廷、建立民國的旗幟下結識，在日本有過短暫的交往、相處，由於共同的愛國情懷和理想追求甚至相似的性格而產生了強烈共鳴。圖為 1916 年 3 月 22 日，袁世凱大勢已去，被迫宣布取消帝制。4 月，孫中山（左五）、宋慶齡（左四）、何香凝（左六）、廖仲凱（後排左二）等在日本聚會時，慶賀帝製取消時的合影。

　　19 世紀末 20 世紀初出現的「新賢妻良母主義」主要觀點認為女性應該自食其力，成為新時代的獨立女性。作為這個觀點的重要代表人物，秋瑾在《敬告姊妹們》中，嚴厲的批判了那些完全依靠男人才能生活的女人。她要求女子進學堂學習文化知識，增進文化修養並掌握技術以自給自足、自救於奴隸的處境之中：「但凡一人，只怕沒有志氣，如有，何嘗不可求一自立之基礎，自活之藝業呢？也不至坐食，累及父兄夫子」〔註5〕，這樣便可以「洗了無用的名，收了自由的福」〔註6〕。

〔註4〕蔣勇軍：《清末民初女子文化生活與女性意識研究》，廣西師範大學，碩士學位論文，2007 年 6 月，第 30 頁。
〔註5〕秋瑾：《敬告姊妹們》，《秋瑾集》，上海古籍出版社，1979 年版，第 15 頁。
〔註6〕同上，第 15 頁。

　　五四時期，以胡適為代表的先進學者又提出了「超賢妻良母主義」。它將矛頭直指封建社會腐朽的族權，突顯女性的自我意識，有以下兩個顯著特點：一是提出了解決女性獨立解放問題的途徑；二是主張兒童公共的教育代替母親的職責，就不必使人人都要具備賢妻良母這個角色所承擔的教育責任即「不必人人備有賢妻良母之惟一知識……可以終身免負家累」〔註7〕。這種「超賢妻良母主義」是一種全新的教育理念，有力地衝擊了傳統的中國教育，引領中國廣大的傳統女性掙脫封建禮教的束縛，追求自身的解放。越來越多的女性開始意識到自己是一個「人」，一個獨立的和男子平等的「人」，而不再束縛於做個「賢妻良母」。

　　「天下興亡，匹夫有責」，而「匹婦」亦有責。女子應當成為成為新社會的一個重要組成部分。「女國民」的教育宗旨即是要使女子有擔負起對國家盡義務的責任意識。雖賢母良妻教育也主張女子受教，但國民意識則超越了「名曰賢母，良妻，實則為人母人妻」〔註8〕的奴性附庸者侷限。唯有徹底廢除賢母良妻的教育方針，才能是女國民精神在女性中得以傳播。在批判「賢母良妻」這個腐朽制度的基礎上，女國民這一教育宗旨被推到了前臺。被譽為「中國女界之盧梭」的金天翮提出了女學的目的是「女子並非要成為賢妻良母，而是要成為反抗壓迫、獨立自由、品質高尚、體魄健強、獻身革命的人」〔註9〕。他將女子新教育的宗旨歸為八點：「教成高尚純潔，完全天賦之人；教成擺脫壓制自由自在之人；教成思想發達，具有男性之人；教成改造風氣，女界先覺之人；教成體質強壯，誕育健兒之人；教成德性純粹，模範國民人；教成熱心公德；教成賢貞激烈，提倡革命之人」。〔註10〕和她在統一戰線上的燕斌女士在《中國新女界雜誌發刊詞》一文中強調；「本社創辦這個雜誌的宗旨雖有五條但本社最為崇拜的就是『女子國民』四個大字，本社的《新女界雜誌》從第一期開始，無論出了多少期，也只是在反覆地解說這四個大字」〔註11〕。1902 年，蔡元培創辦了愛國女校，開

〔註7〕沈兼士：《兒童公育》，新青年（第六卷第六號），第 565 頁。

〔註8〕張枬，王忍之：《辛亥革命前十年間時論選集（第三卷）》，三聯書店，1975 年版，第 83 頁。

〔註9〕金天翮：《女界鐘》，大同書局，1903 年版，第 56 頁。

〔註10〕同上，第 85 頁。

〔註11〕《新女界》，1903 年，第 1 期，第 56 頁。

設了婦女速成師範科和女工傳習所。留日女學生組織共愛會編寫了女國民歌「二十世紀大漢女國民，激昂慷慨赴前程，觥觥自由魂，鐵血作精神」〔註 12〕，旨在通過女國民教育，使婦女成為「高尚純潔完全天賦之人才，擺脫壓制自由自在之人，思想發達具有男性之人，德性純粹模範國民之人，熱心公德悲憫眾生之人，堅貞節烈提倡革命之人」〔註 13〕，簡而言之就是培養「健全體格，完全人格的女國民」。女國民教育以現代文明教育為手段，使女性具備一種國家、民族的觀念，能夠為社會貢獻自己的義務和責任。女「國民」的教育注重培養女性的社會參與和政治覺醒，提高了女性從前專屬的賢妻良母地位，在共同救國的道路上與男性走到了一起。

　　然而，中國婦女的主體意識覺醒，不論是「賢妻良母主義」還是「女國民主義」，其目的都不在於「權力意識」，而是一種出於認識上的「義務意識」，這是從戊戌時期的開始的維新派新女性首次提出：天下興亡，匹婦「亦有責」的口號開始的。此後，這一口號則成為了婦女進行思想啟蒙教育的最有力的武器。同時，新女性在進行反對以男尊女卑為核心的封建專制制度的運動過程中，一直將「三綱」視為一個不可分割的整體，把夫為妻綱與君為臣綱、父為子綱同認為是禁錮人們的思想而加以反對的。思想開明的婦女與廣大民眾一直在同一戰壕中作戰，婦女運動與反封建的政治鬥爭，不過是部分與整體的關係而已。

第二節　從解放到審美——民國女性意識的男性化導向

　　「因為，腳乃支持全身重量者，如若腳部穩當不得，這足以損害到全身的美感，如果我們看見一個纏腳很小的女子，走路都走不穩當，有時候必須手扶著牆壁，那麼她各部分自然美的姿態，幾乎全被那走不動的兩隻腳所牽制住了。」〔註 14〕這一段對於女子審美的論述不僅僅從解放身體的角度表達了對於「不纏足」這一理念的提倡，更從尊重人格的角度提出了女子天生自

〔註 12〕張玉法、李又寧：《近代中國女權運動史料》，傳記文學出版社，1975 年版，第 306 頁。
〔註 13〕陳東原：《中國婦女生活史》，商務印書館，1937 年版，第 132 頁。
〔註 14〕鑴永女士：《腳的裝飾》，《大公報》，1927 年 5 月 11 日。

然之美好。這是民國女子審美對於女子天性認可的微觀透視窗口。女權思想得以傳播開來後，許多女性突破家庭這個小天地的困圍，置身於大社會中重新找尋自我的定位。雖然當時的社會中仍然是以男性為主導，但這樣的狀態已經是女性解放的可喜成果。

《婦人畫報》第 32 期封面內容為一身著西式男裝的女子。

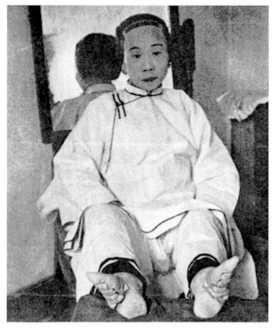

纏足女子影像。

　　解放女性被摧殘和扭曲的身體，是對於身體自然本真尊重的第一步，對於女性身體自然美的肯定則是其社會地位和主體意識的一種更深層體現。社會角色的轉變在審美取向上的體現，最為直觀的則是在女子的服飾裝扮上的選擇。服飾裝扮的男性化選擇在民國時期已成為女子們試圖通過改變形象來證明兩性平等十分顯見的方式。而在民國時期的女子流行服飾中大體是以追求男子氣質的西裝和能體現女子曼妙曲線的旗袍兩種主要的風格為主。

秋瑾身著男裝影像。

　　傳統中國的古代女性的服飾以裙裝為主，而西裝、褲子在各種報刊廣告的宣傳下漸成為民國時尚的女性所追捧的服飾風格，尤其是在富家小姐、走紅名媛當中流行。這種原本專屬男性的服飾，在獨立意識萌化了的女性知識分子當中尤為熱銷。當然像秋瑾這樣的民族英雄的榜樣光環效應也會起到樹立模範的作用。她或梳辮，穿月白竹布衫、長袍馬褂；或西裝革履，戴鴨舌帽等，素來是男子的打扮。於是乎一些意識上已然開化的職業女性便會自覺或不自覺地予以認可並傚仿，並試圖通過服裝的男性化傳達瀟灑、自信、風度翩翩並非男性的專利，從而體現自己的進步思想。如當時的著名女律師史良，她是著男裝的女知識分子的典型，國民黨在逮拘繫她時，「她身上穿著西式的婦女旅行裝，上身穿的好像男子西裝的寬鬆外衣，下面穿的好像水手穿的那種大褲腳管的褲子，外面罩一件女大衣，全身衣服都是黑色的」〔註15〕。如此般男性化裝扮則是知識女性追求新文化思想符號的外化標誌。

　　「五族共和以後，全國女子開始一致採用旗袍，倒不是為了效忠於滿清，提倡復辟運動，而是因為女子想要蓄意要模仿男子……她們接受西方文化的薰陶，醉心於男女平權之說……她們排斥女性化的一切特徵，恨不得將女人的劣根性斬盡殺絕。因此初興的旗袍是嚴冷方正的，具有清教徒的風格特徵」〔註16〕。旗袍的出現是從古代直線裁剪的那種寬衣大袖發展到有意識地去表現人體「曲線美」和「自然美「合體服裝的標誌。其起源也是發現了了女子身著男子長衫時候的風度，於是「到30年代40年代時已不論老小都穿著旗袍，逐漸替代了上衣下裙的形式」〔註17〕。

　　不論是放足、著西裝還是著旗袍，這些對於女子身體解放的運動和審美方式仍然都是受到以男子為好的深層思想的影響。雖較古代女子被束縛的狀態而言，體現「男子可以擁有和表現的女子也可以」的確是追求平等的進步行為，但是這種思想仍是一種女子自身的特質不如男子的潛在認知的侷限性。所以，以男性化的裝扮實際上是要以模仿男子的特質才能證明自己的出色，這是男權思想深入包括女子在內的整個社會的結果，也是「男優女劣」意識更深層的體現。

〔註15〕周天度、孫彩霞：《救國會史料集》，中央編譯出版社，2006年7月，第1版，第880頁。

〔註16〕張愛玲：《更衣記》，《中國當代名家散文經典》，陝西旅遊出版社，2002年10月，第1版，第39頁。

〔註17〕周錫保：《中國古代服飾史》，中國戲劇出版社，1984年，第534頁。

　　女性主義學者法瑪依玳阿爾畢絲杜爾和丹尼爾阿爾莫札特在《中世紀以來法國女權運動史》中說，「拉克羅特認為：『只要沒有婦女的參政就不會有真正的革命。』1789 年婦女們參加進來了。但她們沒有因此而得到男人們的感激。……他們那種神經質的厭惡女性心理驅使著他們把所有參加鬥爭的婦女都看成是邪惡勢力的一部分。」〔註18〕中國的婦女未被當成邪惡勢力，但在解放運動的倡導與開展中也只充當了先進男性思想家策劃者的一個追隨者角色。

　　在中國的女性主義運動中，大多數情況下女性本身都是無聲者「朝聞倡平權，視其人，則曰偉丈夫；夕聞言其平權，問其人，則曰非巾幗」〔註19〕，這一狀況強烈的刺激了女界先覺者。「吾終不能不為我女界痛哭者，則以依賴之根性至今猶未拔耳。今試問發起而立此女學校者，果我輩女子乎？管理此女學校、任教師之職者，果我非女子乎？吾故斷言曰：若無中國教育會諸君，則此愛國女學校之名詞，且不能出現於世。此吾所不能為吾女子諱也」〔註20〕是在「女界梁啟超」張竹君愛國女校歡迎會上的疾首之言。雖然，一些覺醒女性也積極參與到近代女權思想演變中來，如戊戌變法時期，以潘璿、王春林、劉紉蘭、康同薇、盧翠、裘毓芳等為代表的倡導革命和自主的知識女性也曾刊發文章呼籲平等和解放。但是這些倡導者中，有一個事實不容忽視，即這些維新的知識女性大多屬於「大家閨秀」。閨秀們之所以能夠發出聲音是由於家庭力量的支持，她們往往都是被革命身份的父親或是丈夫帶領著或是推動者參加維新，所以說她們的思想行為並非完全自主自衛自由。再加上她們人數極少，所以能夠產生的社會影響力不大。即使是辛亥革命時所湧現的以國難和民族存亡為己任，同時也是發起中國首次大規模女權運動的女性知識分子，其中著名者有如張竹君、唐群英、林宗素、呂碧城、秋瑾、陳擷芬、煉石等。她們所參與掀起的這場性別間的革命的確有著資產階級民主新思想的意識，也成功體現了新女性的鬥志、勇氣和能力，然而在革命運動的推進過程中她們也日漸淡去了重要的角色而漸漸轉變成了追隨者，從而在影響力上遠遜於男性領導者。當然，這種領導角色的退化並非女性革命者自我意識

〔註18〕中國婦聯：《外國女權運動文選》，中國婦女出版社，1987 年版，241 頁。

〔註19〕龔圓常：《男女平權說》，《江蘇》，1903 年 6 月，第 4 期。

〔註20〕中華全國婦女聯合會婦女運動歷史研究室：《中國婦女運動歷史資料（1840～1918）》，中國婦女出版社，1991 年 6 月版，第 302 頁。

的薄弱或者意志力的低迷造成的，而是在任何一個社會的女性主義運動中，
站在風頭浪尖的女性主義者都將面對難以想像的社會角色壓力，中國在女性
主義萌芽期的情況更不會例外。換言之，由於社會發展慣性、思想開化程度
和國難期的特殊性等多方面原因，在中國近代女權主義思想運動的推進過程
中，仍然是男性的領導者在發揮更為重要的作用。雖然男性的女性主義者啟
蒙和指導女性的同時始終站在主體的地位上發揮著作用傳達著主人的思想。
所以與相較而言，女性往往是男性的追隨者並始終接受著男性思想家的話語
影響，男性則更自覺且在政論和實踐上的影響更大。

　　男性領導女性解放運動，必然會導致女性解放目標的男性化。男性始終
以國家和社會的主人的身份在進行著社會活動，對於女性的啟蒙和解放的目
的也始終指向男性更好地達成為國家盡責或說為男性所操控的國事盡責的目
的。於是解放了的女性也是用來更好的獻身於國難，然後更好地服務於男性，
即強國和善種。「禁纏足」運動、創立女學等，主要目的皆在於此，這實際上
說到底還是男性本位主義思想的傳承。正所謂「女子乃國民之母也，欲新中
國，必新女子；欲強中國，必強女子；欲文明中國，必先文明女子；欲普救中
國，必先普救女子；無可疑。」〔註21〕女性自身的切實利益絕不是中國近代
女性運動的首要甚至是重要目的。女性革命者生存在男性話語體系下久了便
也會忽視女性也有同男性一樣的發展願望和訴求。

　　對於國難當頭的時代而言，任何運動的目的以驅除韃虜恢復中華為要似
乎都無可非議，於是女性切身利益和平等權利的呼籲聲淹沒於救亡圖存的吶
喊中也無可厚非。而「女國民」思想為鼓動女性承擔與男性一樣的救國保國
義務和責任而忘卻以女性自身利益的奪回提供了再好不過的藉口。「女國民」
的思想多見於時下女子刊物中類似於「天下興亡，匹婦亦有責」的言論。辛
亥時期，受「女國民」思想中義務意識的影響，許多女子便開始參軍，並陸續
先後成立了許多女子軍事組織，並且直接走上戰場，參與戰爭。可憐的是，
女子們剛剛從鮮血淋淋的裹腳布中走出來，就隨即跟著男子參加到血雨腥風
的殘酷的軍事鬥爭中去。這種義務意識的行動體現的確足見女子們的勇氣和
能力，然而此中透露著希望能通過承擔不異與男性的責任義務來獲得這個以
男性為主導的社會權利體系的認同。這種站在男性立場以男性的價值規範為

〔註21〕丁祖蔭：《創刊詞》，《女子世界》，1904 年 1 月 17 日，第 1 期。

導向來約束女性的行為方式，並不能夠真正將深受壓迫的女性引上解放之路，而是將她們帶入到另一重隱形的貌似光明的深淵之中，周圍仍永遠充斥著男性權力的話語場。不僅如此，在男性話語權佔據社會生活權威和國家之上主義的兩重影響下，一切都以男性為標準坐落在審美的維度上最為明顯的體現正是男性化的裝扮。秋瑾是革命的先驅，光榮而偉大，她作為男性化女子的先驅，明確表達過女子想要尋求獨立和解放，將服飾、舉止言行、生活方式全盤趨同於男性是必須的。她從外觀到心靈都幻化而成為男性是她一直的願望：「我對男裝很有興趣。中國通行著男子強女子弱的觀念來壓迫婦女，我實在想具有男子那樣的堅強意志，為此，我想首先把外形扮作男子，然後直到心靈變成男子」〔註22〕。這種審美傾向的男性化，實際上就是對女性存在的否定，對婦女解放的理解和認識未免過於狹隘和侷限。

　　在看待中國的女性運動時應該注意到的是，婦女運動既是受到了時代發展的催生與推動，又反過來推動了社會生活的進步與變革，兩者是一種互動、辯證的關係。中國婦女運動是近代民主革命的重要組成部分，是推動社會變革發展的直接推動力之一。女性運動的特點表現在其與政治鬥爭聯繫密切，與反帝反封建的政治鬥爭任務既同質又同步的。故婦女運動常以革命形式表現，並成為革命運動的一部分。同質反映在兩者革命對象的一致性，即反帝反封建專制，反對以宗法、等級制度為核心的封建綱常名教，一致對外。同步則表現為婦女運動與中國近代的一些重大政治改革和政治革命保持了一致的熱情。這在歐美國家中情況則很不相同，他們所進行的資產階級革命與女性的獨立解放運動並不會完全同質。如，在法國資產階級革命的《人權宣言》發表之後，法國當時的女性就提出了與自己權益相關的女權宣言，資產階級在奪取了政權後，接著又出現了獨立的女性解放運動。此時她們的矛頭直指整個以男性為主導的男權社會，最主要的目標，不是來救國家與為難之中，而是為了其自身，為了能從男人的手中奪取應有的權力。而中國，婦女運動並不是獨立於反帝反封建鬥爭之外的。其始終融入在反帝反封建鬥爭的歷史主旋律中，始終是資產階級民主革命的有機組成部分。婦女除了自身權益，更肩負反帝反封建的歷史重擔。

〔註22〕（日）小野和子：《中國女性史》，高大倫譯，四川大學出版社，1987年版，第63頁。

中國女權運動男性化的原因之一在於，當廣大的女性仍然處於「春眠潦倒，妖夢惺忪」狀態，所以倡導婦女解放主要領導者必須由先進男性來擔當。這樣一來女性充當為被喚醒、被解放的追隨者角色就得到了合理的解釋。儘管會有一些進步的知識女性開始自我的覺醒，但由於她們踏入社會時間過於短暫，封建歷史留下的餘溫就足以將她們灼傷。她們準備不足，更難在短時期內達到婦女解放思想和實踐的制高點，在近代女權思潮演進過程中，起先行者、領導者的作用的是男性，其難以規避自身立場而完全從女子的角度去看待問題。性別本身的差別是無法避免的事實問題。再者，亂世之中，國難當頭，無論是女子的解放運動興起於怎樣的原因，其所形成的力量都難以規避國家民族的重擔之下。但婦女的解放必須是自己來解放自己。近代婦女解放思潮的「男性化」也不可避免地給整個民國時期及以後的女子運動帶來兩大缺點：淡化了對男性的批判，從而使傳統的大男子形象得以繼續保持；淡化了女性的自我反思從而卻未能發現自己的潛質和價值，建立起自為意識。

第三節　民國女子書家群體的社會性藝術活動

古代中國美術史幾乎很少有女藝術家的位置，在有文字記錄的最早的女書畫家們的歷史評述中，對她們藝術上的認識和評價是十分缺少的。之後，隨著知識女性在思想和個性上的解放，她們在藝術活動的參與上表現出前所未有的積極和熱情。不過與男性相比，她們的藝術活動還是受到一定的制約。直到民國初年後，一些女性書畫家才開始意識到自己的女性身份，努力爭取獲得社會的承認，並開始形成集結意識，即合群思想。中國女子書畫會即是一個女子藝術家的群體集合，她們以群體的力量向世人們展示自己的藝術思想。

一、民國女子書畫家的群體藝術展覽——以中國女子書畫會為例

雖然民國時期沒有出現以書法為唯一主要創作形式的女子社團群體，但中國女子書畫會會員中有許多女子書家，更有許多能書善寫的女子畫家〔註23〕，她們多次舉辦書畫展覽，作品中有書有畫，以一個群體的形式釋

〔註23〕如：何香凝、馮文鳳（書畫會發起人、臨時主席）、張默君、李秋君、顧飛、鮑亞暉等

放著民國女子的藝術光彩。中國女子書畫會於 1934 年 4 月，在上海海寧路890 號會所成立。到抗戰前書畫會人數已有二百餘人之多，堪稱「盛極一時」的「女子藝術界空前之集合」〔註24〕。當時由馮文鳳、顧默飛、顧青瑤、陳小翠、李秋君、楊雪玖等發起。第一次召開大會時，公推馮文鳳為臨時主席，吳青霞、楊雪玖等被選舉為執行委員，鮑韞為會議記錄員，丁筠碧、陸小曼負責宣傳工作，顧默飛、顧青瑤被選舉為文書，陳小翠則被任命為編輯。此後又有鮑亞輝、虞澹涵、周鯨霞等響應。

1. 大型群展

中國女子書畫會活動影像。

中國女子書畫會每年都會舉辦一次大型群展。第一次年展是 1934 年舉辦的，主辦方從千餘幅作品中精選出 500 餘幅進行展出，且參觀者達數千人之眾，體現出了中國女子書畫會對於首展的重視程度。首展不僅薈集了全國範圍內女性書畫好手的優秀作品，而且通過展覽宣傳了書畫會「志在提高藝術」的創辦宗旨，因此「除非賣品外，特選各會員傑作多幅，廉價發售，以供同好。另有會員合作詩畫之執扇數十件，俱屬尚品，每件只收墨費二元」。主辦方還別具匠心，「用對號抽籤的方法發售，以助雅興。」與此同時，展覽現場還可以買到由陳小翠和李秋君主編的展覽特刊，據 1934 年 6 月 2 日的《申報》載：「特刊全用重磅銅版紙精印，內有銅圖百餘幅，文用活體楷字排刊，定價每冊一元」。

〔註24〕包銘新：《海上閨秀》，東華大學出版社，2006 年 4 月版，第 44 頁。

　　1935 年 5 月的第二次書畫會年覽，展品範圍更加擴大了。女書畫家作品的來源遍布全國。〔註 25〕

　　第三次畫會年展，於 1936 年 5 月在上海西藏路寧波同鄉會四樓舉行。本次年展廣泛徵集了全國女藝術家 600 餘幅傑作，「凡山水、人物、仕女、花鳥、走獸，無不精彩絕倫」。對於此次展覽的盛舉，《申報》贊為：「該會組織之精神，作風之豐偉，洵屬現代女界藝壇文化之盛典」〔註 26〕。與以往不同的是，過去只有資深會員的作品得以參展，而第三次年展時，新進會員的作品也有很多都在展出之列，如何香凝、章述亭、潘渭的畫虎，包瓊枝、毛燧華、鄧碧華、蒯世芬的仕女，談月色、樊彩霞、李叔華、任均耀、張坤儀、永嘉魯氏姐妹（魯文、魯藻、魯蒴），真茹郭氏姐妹（郭仁、郭智、郭勇）的花鳥，朱人琰、席佩真、孫祿卿、汪素、方子筠的山水等作品。同首屆年展一樣，此次展覽也出售特刊，用珂羅版精印 90 餘幅作品，並且後附有小傳。

　　1937 年，第四次書畫會年展舉行於抗戰前夕，規模空前，觀眾達萬餘人，以觀看何香凝、鮑亞輝等會員的作品。而 1939 年舉行的書畫會第六屆年展中，展出了張安之、謝月眉等新舊會員二百餘人的作品，作品質量「精警異常、尤為歷屆罕見」〔註 27〕。除書畫作品外，本次年展還展出了一批舊石章和端硯。此次展覽藝術推廣的社會意義遠超前幾次，且與以往有所不同的是，作品均係非賣品，且不售門票，參觀者可隨時參觀。書畫會第八屆年展於 1941 年 11 月 8 日舉行，展出了新舊會員百餘人的六百幅作品，皆是「平日不易寓目之佳作」。

　　由於戰事日漸擴大上海淪陷了。此後，女子書畫會的活動不論在規模上還是聲勢上都大不如從前，但是仍然還在堅持每年辦展，直至 1947 年 5 月 2 日書畫會停止活動，期間只有一年停辦展覽，書畫會的大型年展共舉辦了有十三次之多。

〔註 25〕《申報》，1935 年，5 月 10 日載：「除本埠作家外，杭州、永嘉、蘇州、南京、天津、無錫、北平、及廣州、香港、福州等處之會員及女畫家，均有作品參加，共展出作品 600 餘幅，另有「三尺集錦屏條一幅，其尺寸大小裝裱，均取一色，由該會會員，分山水、人物、花鳥、走獸、各出精愜之筆……較之去歲，益見精彩」。

〔註 26〕《申報》，1936 年，5 月 29 日。

〔註 27〕《申報》，1939 年，11 月 11 日。

中國女子書畫會年展會活動年表

時　間	內　容	參加人物（女書家）	地　點
1934 年 4 月 30 日	中國女子書畫會成立	馮文鳳、李秋君、顧青瑤、鮑亞輝等	上海海寧路890 號
1934 年 5 月 18 日	推選女子書畫會主任	陳小翠、李秋君等當選	
1934 年 6 月 2 日	第一屆中國女子書畫會書畫展	陸小曼等女子書畫會第一批成員	寧波同鄉會
1934 年 6 月 15 日	中國女子書畫會編輯出版《中國女子書畫展會特刊》		
1935 年 5 月 10 日	中國女子書畫會第二屆書畫展	馮文鳳、李秋君、顧青瑤、何香凝、陳小翠、楊雪玖、吳青霞、包瓊枝、唐冠玉、李叔華、熊璧霜、熊佩雙、談月色、陳瘦金、張坤儀等	北京路口貴州路湖社
1936 年 5 月 29 日	中國女子書畫會第三屆書畫展	除老會員外新增人琰、席佩真、孫祿卿、汪素、方子筠、包瓊枝、毛燧華、鄧碧華、荊世芬、何香凝、章述亭、潘渭、談月色、張坤儀、李華書、樊彩霞、任均耀、永嘉魯氏姐妹、真茹郭氏姐妹等	寧波同鄉會
1937 年 5 月 15 日	中國女子書畫會第四屆書畫展	李秋君、鮑亞輝、謝月梅餘威丹、等	寧波同鄉會四樓
1938 年	女子書畫會展（第五屆）		
1939 年 11 月 11 日	中國女子書畫會第六屆書畫展	新老會員二百人左右	寧波同鄉會
1940 年 11 月	中國女子書畫會舉辦女子書畫展（第七屆）		上海大新公司
1941 年 11 月 8 日	中國女子書畫會第八屆書畫展		上海大新公司四樓畫廳
1943 年 11 月	中國女子書畫會舉辦書畫展（第十屆）		中國畫苑
1944 年 11 月	中國女子書畫會舉辦書畫展（第十一屆）	李秋君等作品二百餘件	中國畫苑

1945 年底	上海淪陷後一度停止活動的中國女子書畫會重新活動（第十二屆）	李秋君等負責會務	上海中正北二路
1947 年 5 月 2 日	中國女子書畫會第十三屆會員書畫年展		中國畫苑
1949 年	中國女子書畫會解體		

2. 小型群展

中國女子書畫會還辦過許多的小型群展。「謝月眉、顧飛、陳小翠、馮文鳳四家合作書畫展」連續舉辦了三屆。展覽中顧飛的山水畫、馮文鳳、陳小翠的仕女的書法和謝月眉的花鳥畫備受關注。她們的作品被贊為：「不但能稱霸在女界，竟還可以壓倒鬚眉。」1936 年康有為之女康間璧與楊令筭舉行的聯展作品銷售情況甚好〔註28〕，券資半數捐助公益事業。1944 年，楊雪玖以其國畫、伍季真以其油畫所舉辦的「二友二屆畫展」等，讓中西藝術在同平臺上進行對話，形式新穎，產生了很好的社會效應。1940 年 12 月 21 日，陸小曼、翁瑞午聯合國畫展覽就是一例，展覽受到了當時社會極大的關注。由於這些展覽都是以繪畫為主，書法作品較少，故此處不再贅言。從這些展覽中我們可以清晰地看到中國女子書畫會作為一個展覽平臺，已然在為提高會員的藝術水準、增加會員間的相互交流創造條件，提升了女性藝術社團的社會影響力。展覽使參展會員從切磋中受益，增進了彼此的交流，為會員的個展累積經驗，更重要的是向社會展示了女子藝術家的公益能量，同時作為公益事業為民國時期的文化環境增添了一道光彩。

二、民國女子書畫家對於藝術教育的參與

在公共藝術教育方面，中國女子書畫會本以書畫展覽的形式拓寬了社會民眾的藝術活動視野。在專業藝術教育方面，書畫會還設立了有規模、成體系的美術教育機構，在自我展示的同時造就了一批順應時代潮流的新女性藝術家。

1. 以局內人的身份

中國女子書畫會以函授科招生於 1934 年創立，教授有油畫、國畫、詩詞、書法、金石。有教授十人分科教學：馮文鳳教授油畫、書法，鮑亞暉、顧飛教

〔註28〕《申報》，1936 年，5 月 29 日載：「各件中間已為人定去不少」。

授山水，陳小翠教授詩詞，丁筠碧、張又芬授花卉等等，學生被分甲、乙、丙三組，每科學費五元。〔註29〕很多書畫會會員在當時這些頗有名望的女藝術家的指導幫助下，藝術水平迅速提高，有的還成為了師徒關係。1943 年，顧飛於打浦橋同豐里 24 號教授國畫。1947 年，陳小翠的「翠樓」（地址設在紹興路 14 號）有徒弟 7 人（湯翠雛、謝景苟、葉世芳、周洵華、謝美叔、張彤箋、謝皓東）；吳青霞所辦的「篆香閣」有徒弟 12 人（鄧舜烈、朱敏時、倪培、王雪蕉、婁稱芬、陳霞仙、王亭納、鳳幼霖、徐碧霞、李幗賢、王愛珍、文依梅）；顧青瑤所辦「綠梅詩屋」有徒弟 35 人（錢家驊、張雯韶等錢華春、程南齡、黛雪偉、楊世瑜、郭雪瑾、楊美申）；的確達到了廣泛教授藝術科目，提高藝術水平的教學目標。

更有些能力強的女書畫家開始興辦學校，培養繪畫人才。如楊白民之女楊雪瑤和楊雪玖曾先後任上海城東女子學校校長，並曾為辦校鬻書賣畫。她們還曾被曾熙、吳昌碩譽為「後起之秀」。楊家三姐妹還在《申報》刊登了《楊雪瑤、玖、珍三女史鬻書畫》鬻前有小啟。〔註30〕這是由蔡元培、唐熊、黃炎培、汪琨等為之訂的。此外還有馮文鳳，曾先後在香港、上海創辦女子書畫學校。有些女書畫家們則進入了院校擔起教師之職，同時從事繪畫創作。如張光，曾任廣東潔芳女子師範學校校長、上海美術專科學校講師、北京藝術專科學校教授、杭州藝術專科學校教授。1936 年 9 月，湯國梨被聘為蘇州二樂女子美術研究班教授。孫悟音則於 1960 年被上海工藝美術學校聘為國畫教師。著名書法家游壽自金陵大學國學研究生班，胡小石門下畢業後，即在四川女子師範大學、中央大學任教。南洋第一次農工勸業會書法比賽中獲金獎的莊閒曾在常州女子師範學院任書法教員。

2. 以支持者的身份

此外，還有以公共藝術教育的形式為教育事業貢獻藝術力量者，如書畫家龐左玉不止一次義展助學，《申報》對此有大篇幅報導。報導稱：「左玉先以紀念先慈逝世一週年，於上午十月二十六至十一月一日在大新畫廳將拙作

〔註29〕王震：《二十世紀上海美術年表》，上海書畫出版社，2005 年 1 月版，第 369 頁。

〔註30〕《申報》，1924 年，2 月 9 日載：「雪瑤、雪玖、雪珍乃創辦城東女學楊白民先生之女公子也，從上海名畫家王一亭先生學畫多年，雪瑤工花卉，雪珍工人物，雪玖工山水兼工以上二事，與雪瑤均能書毫，無閨秀纖柔之氣，茲以乃翁所辦女學經費不足鬻書畫以為補助，為訂潤如下……」。

展覽義賣，售得之款，除去實際開支，記尚餘一萬八千零十一元陸角三分，該項帳目會委請立信會計事務所查核證明，茲再由左玉個人捐助一千九百八十八元三角七分，湊足二萬元，全部作為助學金……」〔註31〕。誠然，一年前，龐女士也舉行過一次義賣，《申報》中也提到過：「當時前往參觀者歎其作品為不多經見之作，因此被爭購一空。所得款項全部作為助學金。」龐左玉的仁善舉動不僅體現了新時代女性強烈的社會責任感，而且她的舉動所得到的迴響更證明了女藝術家已經具有的社會號召力，提升了女子書畫家在社會上的地位和形象。像此類女書畫家義展、義賣作品的例子還有很多，如馮文風賣畫捐助南市新普育堂〔註32〕、李秋君為募建上海災童教養所新屋賣畫〔註33〕等。通過這一系列的書畫拍賣展覽，這批思想進步的女書畫家們不僅讓社會弱勢群體得到了幫助和安慰，而且還擴大了藝術欣賞的受眾群體，更增加了女子藝術家的社會號召力和影響力。

三、民國女子書畫家的社會責任意識

1. 群體行為

上述以個人為單位的義展助學，是慈善之心的體現，同時也是藝術家社會責任體現的一個方面。以群體為單位，中國女子書畫會也經常主辦或參與協辦慈善拍賣展覽，用自身的藝術力量作用於社會。展覽作品售出後，所得款項悉數捐助貧困兒童，不僅有作助學之用，更有賑災、慰勞等目的，或為困而輟學的孩子創造就學機會，或為戰時的物資匱乏提供援助。如1937年中國畫會舉辦慰勞將士開辦了書畫展覽，〔註34〕此次與譽滿申城的中國畫會（1932年成立）聯辦展覽（馮文風同時為中國畫會的會員）並非僅借由男子書畫社團的聲望來提高社會影響力，而是一次女子群體與男子群體平等對話交流。展覽中女子所發揮的社會號召力甚至占到了主導地位：「由於何香凝的

〔註31〕《申報》，1943年2月21日，標題是：「龐女士義展助學，孝思足資表率——藝術超逸畫展盛況空前」
〔註32〕《申報》，1943年7月2日。
〔註33〕《申報》，1939年5月23日。
〔註34〕《申報》，1937年10月10日：「本會等主辦慰勞將士書畫展覽以籌資所得悉數充作將士慰勞金，並請上海市慰勞委員會派員直接收取，自徵求以來已蒙各地書畫家踊躍捐助，現已假定大新公司為展覽會場，凡書畫家同人及家藏書畫自願捐助者，請於十月二十日阻前將捐件交至下列收件處，以便編號陳列……」

積極推動，參展的書畫精品達 700 餘件，均為當代書畫名家于右任、何香凝、王一亭、柳亞子等人的作品。歷時半個月，在各界的踴躍參觀認購下，總計籌得善款 7000 餘元。」〔註35〕

2. 個人行為

以個人為單位，1922 年 6 月 19 日《申報》登出了「青瑤女士書畫篆刻助五卅工賑」〔註36〕的消息。顧青瑤出身於吳中名門望族，是清代著名畫家顧若波的孫女，後在上海生活。因祖上有多位畫家，所以自幼就受到了很好的藝術薰陶，擅長篆刻、書法、詩詞、國畫等。她是中國女子書畫會中參與熱情極高的參與者。顧青瑤優秀的品格絲毫不亞於她卓越的藝術成就。她不會因家庭的富足而對外界的疾苦視若枉然，卻以加倍的社會責任感投入到救災抗災之中去，不遺餘力地集資賑災。此般行為向社會宣告了：女性藝術家同樣有能力解決社會問題。

在女子社會活動家中，最具代表性的便是何香凝。1931 年 12 月 28 日，由她發起的救濟國難書畫展覽會是首次由女子個人主導的藝術慈善盛會，開幕的地點是上海的西藏路寧波同鄉會：「急矣國難，暴日占我東省，復有功錦之舉，錦州若失，則平津危矣；平津危，則我東南各省勢將親臨其厄，故此時而欲謀救濟，尚有餘日，過此恐不復再予我人以從容綢繆之機會矣。我書畫家雖各以個人主義自矜，而至亡國喪邦之時，其痛苦則亦未異於人也。何香凝女士自西歐歸來，發起救濟國難書畫展覽會，海上書畫家多被邀參與，一時景從，有若萬流歸海。何女士令人之景慕一至於此，抑亦共赴國難人同此心乎？」〔註37〕

展覽不收售任何形式的入場券，盛況空前。開展當日觀者人數逾兩千。會上，各名家即席揮毫，於是觀者如堵。展覽還設有抽籤贈品等新穎活動，熱鬧非凡。浙江新昌縣六逸書畫會呂曼丞女士及杭州褚雪琴女士，均來函接

〔註35〕 傅紹昌：《何香凝與八·一三——淞滬抗戰》，《廖仲愷何香凝研究——廖仲愷何香凝學術研討會論文集》，廣東高等教育出版社，1993 年 12 月版，第 353 頁。

〔註36〕《申報》，1922 年 6 月 19 日：「女士為吳中故居畫家顧若波之女孫，淵源家學，撞絕詩畫，字寫石鼓文，尤工篆刻，出入秦漢。自即日起，特以所得潤資悉助工賑。山水畫扇三元，石章每字一元，畫扇減半，余詳潤例，印樣附郵，函索寄上海閘北永興里八百零三號。收件處各大扇莊、浙江路渭水坊西冷印社、勞合路聯益公司及申報館等」。

〔註37〕 賀天健：《救濟國難書畫展卮言》，《申報》，1931 年 12 月 29 日。

洽，預備捐助大批畫件予此次活動。開幕首日便不止一幅五百元以上畫作被訂購。展至第三天，參何香凝親自出席，柳亞子等也現場作畫多幅。柳亞子購買義賣作品並題詩於何香凝等人合作作品以代表全國書畫家願以藝術支持抗戰的決心。〔註 38〕北平、天津、香港、廣東及上海等地書畫家，續有于右任等多人捐作入會。彼時參展作品漸多至八百餘件，可見各地書畫家參與之踴躍。由於作品日多，觀者日眾，救濟國難書畫展覽會不得不延長展期三天。〔註 39〕

展覽會義賣作品共七百餘件，籌款二萬餘元多。何香凝提議將所得款項的三分之一用以援助反日罷工工人和捐助抗日各團體救傷醫藥費。其餘款項，如其初衷，用以創辦國難婦女救護訓練班，開展救護工作。〔註 40〕救濟國難書畫展覽會展期超預算時間一倍，顯見其社會影響。此次展覽會的開展實則何香凝奔走於抗日的開端，會後她還組織了抗日國難救護隊。〔註 41〕為抗日

〔註 38〕柳亞子當日購得何香凝義賣作品為現藏於中國國家博物館的《竹菊圖》，題詩內容曰：「健兒塞北橫戈日，畫客江南吮墨時。一例眾芳零落盡，忍揮殘淚為題詩。」

〔註 39〕12 月 31 日的《民國日報》以分欄廣告形式刊出畫展延長消息：「何香凝主辦救濟國難書畫展覽會延長三天本會會期本定至十二月三十一日為止，現因參觀踴躍，且作品繁多，陳列不盡，特延長三天，自二十一年元旦起，三日止，將尚未陳列之件，調換懸掛，會址仍在西藏路寧波同鄉會四樓及大廳，歡迎各界自由參觀。」

1932 年 1 月 1 日的《申報》和《民國日報》同時刊發啟事：「何香凝主辦救濟國難書畫展覽會延長三天並平價出售書畫啟事本會會期自元旦起延長三天，至一月三日止，歡迎各界參觀，分為抽籤、售賣兩部，抽籤部仍在西藏路寧波同鄉會四樓，售賣部在該會樓下大廳，陳列自第五百零一號起，計有三百餘號，一律平價出售，每件定價大洋三十五元，內多平、津、港、粵及上海書畫名家精品，務請各界踴躍購買，勿失交臂為幸。」

〔註 40〕《何香凝救國畫展結束，收款捐助抗日救國活動》，《時事新報》，1932 年，1 月 22 日。

〔註 41〕1932 年 10 月 8 日的《實業日報》發表《國難救護隊後方理事會募捐啟》，報導由於該救護隊「尚須為長期之繼續，非預籌鉅款，決難放手進行。為此由本會議決，向海內外各界募集捐款。素仰諸君子熱心仁術，慷慨為懷，務懇予以援助，則感戴者不僅香凝等個人已也」。1932 年 1 月 1 日的《申報》和《民國日報》同時刊發啟事：「何香凝主辦救濟國難書畫展覽會延長三天並平價出售書畫啟事本會會期自元旦起延長三天，至一月三日止，歡迎各界參觀，分為抽籤、售賣兩部，抽籤部仍在西藏路寧波同鄉會四樓，售賣部在該會樓下大廳，陳列自第五百零一號起，計有三百餘號，一律平價出售，每件定價大洋三十五元，內多平、津、港、粵及上海書畫名家精品，務請各界踴躍購買，勿失交臂為幸。」12 月 31 日的《民國日報》以分欄廣告形式刊出畫展

救護之事，何香凝利用她的社會影響，一直在奔走呼號，努力工作。她曾說過「我們爭取自由平等，必先爭取國家的自由平等」。〔註42〕

從上述女子書畫家的活動論述中我們不難發現，她們通過創辦學校招收學生開展教育活動，促進了新一輩的女子書畫家們在藝術創作上的進步，又推動了中國藝術活動的發展。另一方面，女子書畫家們還利用自己所長，用舉辦展覽會的形式來籌集善款用於慈善捐助，充分顯示了她們極強的社會責任意識和愛國之情。民眾們也通過書畫展覽會，認識到了女性的群體力量和她們的社會號召力。同時也開始關注女性藝術，欣賞女性藝術。由於長期活躍於男性為主的藝術社交活動之中，「同儕壓力」會起到一定的作用。雖然民國時期女子書家的藝術社交活動的得到了很大的發展，然而她們始終是因循著男子創立的藝術範式而前進的。不論是群展、個展中得到的品評賞析意見還是與男子書法家合展時的男子書家作品面貌的榜樣作用，都使得女子書法家自覺或不自覺地將男子的主流書風當做學習靠近的對象。

延長消息：「何香凝主辦救濟國難書畫展覽會延長三天本會會期本定至十二月三十一日為止，現因參觀踴躍，且作品繁多，陳列不盡，特延長三天，自二十一年元旦起，三日止，將尚未陳列之件，調換懸掛，會址仍在西藏路寧波同鄉會四樓及大廳，歡迎各界自由參觀。」

〔註42〕何香凝：《「三八」節前夕談婦女運動》，《雙清文集（下卷）》，人民出版社，1985 年版，第 322 頁。

第五章　性別視域與「逌美」化的民國女子書風

　　回望悠悠的歷史，沒有哪一個朝代的女子書法家能像民國時期這樣高產，亦或許有，只是被閨閣的門牆所擋，最終只能在罕見的專為女子而著的史書中留下「善書」的芳名一瞥。民國時期可列為女子書家者有游壽、蕭嫻、馮文鳳、莊閒、何香凝、湯國梨、袁曉園、張默君、張廣仁、陳勵修、陳乃文、陳家慶、劉淑度、華修梅、李祖雲、厲國香、李聖和、吳善蔭、侯培琛、姚楚英、薛念娟、鮑亞暉、包稚頤、褚保權、夏伊喬、吳芝英、王燦芝、張充和等，數不勝數。

第一節　職業化與非職業化——民國女子書家的角色選擇

　　在民國的女子書家群體中，以書法家作為自己的首屬身份者少之又少。藝術家對於自身身份的選擇受到多方面原因的影響。不論是對於社會角色的選擇還是對於家庭角色的選擇是自覺的，也是不自覺的。在對於社會身份的選擇中，通過民國女子書家作品的風格我們可以略見書法的藝術性與功能性兩難的糾葛；通過其性別角色作用下家庭中身份的選擇我們可以看到傳統男尊女卑思想隱性而深刻的印記。

秋瑾，《祖國中原七言聯》，書風顯
見在「蘇體」上下過相當的工夫。

一、當「身份」作用於「風格」

雖然在民國期間女性書法創作存在著上述諸種風格，但崇尚金石碑刻的
厚重、雄大成為這一時期書法風格的主要特徵。結合諸位民國女子書家的生
平來看，將其以社會身份進行分類也可以大致分為三類：革命藝術家、閨閣
書畫家和職業書法家。

在革命藝術家中有何香凝、張默君、湯國梨、袁曉園等既注重革命事業，
勤於社會活動又擁有卓越藝術水平的書畫家。作為民國女子的英雄形象參照，
秋瑾在性別身份上的主張和藝術上的雄強風格的體現都儼然民國女子藝術家
的榜樣。這樣便有了何香凝筆下的獅虎，張默君紙上的壯隸。這一群女子藝
術家們的藝術目的在其所有的人生目標中顯得較為次要。秋瑾有言：「欲脫男
子之範圍，非自立而不可；欲自立，非求學藝不可，非合群而不可。」〔註1〕

〔註1〕秋瑾：《秋瑾集》，中華書局，1960 年版，第 32 頁。

誠然，他們並未完全放棄掉藝術創作而是在革命的同時用藝術力量來支持革命，但相較而言藝術的重要性處於次要的地位，這一派女子的生活重心在於救世、革命。

何香凝在進行書法創作時，則選用大氣磅礴的顏體書寫擘窠大楷。在為繪畫作品落款時則沿用本體的帖學一路風格的小草書。

閨閣派書畫家的身影很多出現於中國女子書畫會中，如馮文鳳、陸小曼、厲國香。她們的社會角色已然不同於中國古時的閨秀們。中國古時閨秀的才情往往只是其身份塑造的附屬品，如元代的管道升，儘管她的詩文書畫已能得到夫友們的高度肯定，其藝術重心仍著眼於丈夫趙孟頫的情感。而民國的閨閣書畫家是具有獨立人格精神的新女性形象，她們不再深居家中，而是積極投身於各種社會藝術活動之中，以卓越的藝術水準受到廣泛的關注。她們的創作往往以畫為主，同時能書善寫。藝術對於她們的作用是為成為完整、自主的人，通過彰顯自己的才情和藝術思想進行自我實現、自我滿足。她們的生活重心在於追求女性所應有的新的生活方式，即生活本身。

在民國時期諸多堪稱書家的名媛或女史中，最以書法家為其藝術首屬身份的則當數蕭嫻和游壽二位。縱觀書法史書的瀚海，能夠以書法家的身份被研究並在歷史上產生一定影響的也是此二位。她們在書壇上與最有名的男性書家齊名而居，她們的頭銜中「書法家」前不再曖昧地出現那個欲褒還抑的「女」字，而是直接以「大書家」、「先生」為名。她們的生活重心在於金石文

字、書法藝術。誠然,在以此三者分類的方式下,書家們的行為特質會有彼此交叉、重合的部分,但是相重合的部分皆在少數並非主體。如果從書法的重要性角度來劃分,則前兩類又可以合併,從而分為職業與非職業兩種。

從創作的風格和作者的身份結合來看,不難發現:作為藝術家的首屬身份為書法家者書法多以碑學見長,風格相對遒美;而首屬身份為畫家者,書法多從帖學,風格相對秀美。與民國時期碑帖兼有、金石為趣的書法大環境結合來看,這並不難理解。在藝術性表現來看,畫作上的題字往往需要配合畫面的風格來定,其最重要功能為紀實。畫作上的題跋的藝術表現性較畫作內容、意境和畫面本身來說屬於較為次要的地位。結合閨閣女書畫家的繪畫來看,花鳥居多的題材和扇面大小的布局,帖學派風格秀逸雅致的行書更為適合。而當書法作為獨立的藝術體裁時,藝術性則需要線條的質感來幫襯。在後碑學的環境當中,雄大、厚重、老辣的金石氣是書家們的興趣點,故結合師承沿革的發展,職業書家的風格則偏向碑學為主的特徵。在如顧默飛、張默君、袁曉園、何香凝等書畫兼善者的作品中也可明顯看出。她們在畫作上的落款題跋與單獨的書法創作風格比較而言也是遒秀二分,碑帖有異的。

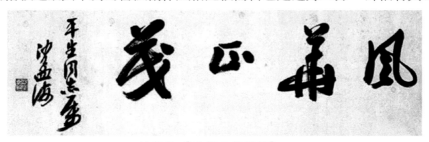

沙孟海《風華正茂匾額》。

包稚頤贈書林乾良作品,書風與沙孟海高度相似。

二、當性別被賦予藝術的價值

　　在藝術活動中，尤其是創作過程中，性別差異是存在的。或者說，性別意識形態是一個富有意味且值得追究的重要問題。藝術文化學的研究者丁亞平指出過，生物學上的差異是滲透在藝術活動之中的。於是，兩性的性別差異所攜帶的自然屬性的差異、與生俱來的氣質稟賦以及在特定社會標準下形成的文化行為的差異，都會作用於性別的創造力差異。他說，「性別對藝術創作具有深度浸透和預設作用，這是無可置疑的，而性別的多維存在與互攝交流，則是這種作用關係的基礎。」〔註2〕

夏伊書《雲水襟懷》，書風亦屬氣勢開
張的道媚一路，書風與劉海粟類似。

劉海粟書法中堂《靈犀一點，
精神萬古》。

　　與古代管道升等女書家對比，民國時期女子身份處境的從屬性很大程度上似已褪去。很多書畫家都已經能夠找準自己的人生方向和自主的社會定位。與古時的女書畫家相比，雖然這批女書畫家的地位已有所提高，但她們附屬於男書畫家的現象依然存在。對於閨閣派書畫家來說「高門下的女弟子」是她們的群演角色。在得以有幸得拜名師後，女弟子往往都會謹守乃師的風格，不越師門的雷池半步，因而難以跳出老師的風格，藝術生涯一輩子以師為名。非職業女書畫家們的確熱愛她們的藝術事業，也有將之當作畢生追求者。但作為女性，她們難以退卻妻性和母性所牽連的責任，如操持家務、養子相夫、侍奉舅姑等。

〔註2〕丁亞平：《藝術文化學》，文化藝術出版社，1996年7月版，第401頁。

她們中，為了這些義務，有的不得放棄藝術事業，有的則等到顧全丈夫事業大局之後才為自己做打算，默默奉獻了成就自我的機會，是主動自願的選擇。在情感面前，奉獻的遠比自我實現來得重要，如劉海粟妻子夏依喬、程十髮妻子張金、謝稚柳姐謝月眉和為家庭瑣事所累潘靜淑等。對藝術來說，藝術家的淡出，終是莫大的損失。而從個體的角度而言，這是女子主動選擇的結果。深層緣由則是這些女子認為她們所相扶的男子將獲得的成就絕對比身為女子的自己有可能獲得的成就更為值得。這正是丁亞平所謂性別對於藝術創作的「預設作用」的一個方面。這似乎也可以理解為一種性別意識的歷史心理慣性：男性更有望成為偉大藝術家，並且多一個偉大的男性藝術家比多一個不能算偉大的女性藝術家來的更重要。然而，從歷史的角度來看，在女性藝術家從無到有的轉變決不比男性藝術家從多到更多的轉變來的次要。也就是說如果劉海粟放棄成為「劉海粟」級別的劉海粟而幫助夏伊喬成就一個或許未必低於「劉海粟」級別的「夏伊喬」，歷史不會變得比原貌來的糟糕也未可知。另有，沙孟海夫人包稚頤、沈尹默夫人褚保權、劉海粟夫人夏伊喬等也為民國書壇上頗具創作實力的書家，她們的書法均從自家先生處取法，實力雖可觀，但缺少個性，因而書名不盛，但仍可視為民國書壇女性創作群體的重要成員。這個現象與歷史上趙孟頫的夫人，師從自家夫君趙孟頫並無二致。所以說女性對於自我的身份地位和成就希望較弱（雖與歷史進行縱比的確是上升了，但性別之間橫比仍是弱者）的認同是男尊女卑思想深入骨髓的表現，儘管從表面上看是女性的自主選擇，但實際上還是對於封建男權思想的被動內化。

作為職業書家，在民國女子書家中，以「金陵四大家之一」、「先生」、「大書家」為名的「南蕭北游」在得以進入書法場域時，在女性書法史上足以鑠古震今。在她們的書法作品中，性別身份是隱退的，均以雄深渾厚，元氣淋漓，陽剛之氣逾於鬚眉的道美取勝。蕭嫻「大書家」的頭銜是于右任等人在她僅二十四歲那年贈與的。當年國民黨元老、書法大師于右任等六人在港報發表聯名廣告，隆重推薦蕭嫻說：「蕭嫻者，乃黔中名士蕭鐵珊先生之女公子也。幼承庭訓，即工書法，行楷精良，篆籀奇古，衛管復生，茂猗再世，女書家中，實罕其匹，海內名士，翕然譽之……」。〔註3〕南京俞律撰《女書豪蕭嫻》完稿，持請畫家陳大羽先生題簽。陳先生說：「書法家只論大小，不論男

〔註3〕趙運乾：《夜郎之光 1976～2002》，貴州民族出版社，2005 年 4 月版，第 422 頁。

女！」提筆改題《大書家蕭嫻》。〔註4〕想來，大書家之名得來是因為書法成就足夠之大，那麼以「女書家」來稱呼的便是「小書家」的委婉表達。成就不夠大的遺憾便可以在「女」的範圍內得以被理解。成就小者，在「女」的範圍內便能算成是「書家」了。

劉海粟與夏伊喬一起作畫影像，琴瑟和諧。

　　「當畫的好時，我們稱她為畫家；當她畫得不好之時，我們就稱她為女畫家」〔註5〕，這一現象怕是在今日的藝術界也未必有所轉變。今天稱呼一些學界的女性名流前輩為葉先生（葉嘉瑩），稱蕭老（蕭嫻），而網絡上則充斥著各式各樣的「女書家」，「美女書家」群體。網絡媒介的多元性亦幫了忙，往往在觀賞「女書家」的作品時，觀看者還能同時欣賞到女書家們的玉照，來印證其「美女書家」的頭銜名實相副。對於此，瑪格麗特·阿特伍德認為，評論家們已經習慣於將一個好的女作家稱讚為「像男人一樣地在創作」。好的則

〔註4〕戴明賢，《大書家蕭嫻》，收入，貴陽文化廣播電視劇編：《尋城記》，第3卷，《名人與貴陽》，重慶：重慶出版社，2013年版，第144頁。

〔註5〕（美）琳達·諾克林：《失落與尋回──為什麼沒有偉大的女藝術家》，李建群等譯，中國人民大學出版社，2004年11月，第一版，第1頁。

是男性,不夠好的則是屬於女性已然成為了一個模式。阿特伍德在 1960 年與一位男畫家討論關於評贊女畫家為「像男人那樣創作」時,又一次得到了印證。那位男性畫家認為:如果一位評論家對一位女作家產生了較好的印象,往往會說出這樣的話,這「實際上這是一句讚譽之詞,不難理解,『她的思想像個男人』表示這位作者的確在思考,而不像大多數其他的婦女。她們往往被認為是不能客觀地進行思考的(她們的本份永遠是『情感』)。」〔註6〕於是她將這種無法扭轉的事實稱作「女畫家症狀」。

這與魯迅的評論似乎有相通之處,「中國的老先生們——連二十歲上下的老先生們都算在內——不知怎的總有一種矛盾的意見,就是將女人孩子看得太低,同時又看得太高。婦孺是上不了場面的……」者是由於人們先驗地將其看得太低,在低者群中發現有好的,從而獵奇的心理才會導致對才女的出現的大驚小怪,比如「然而一面又拜才女,捧神童,甚至於還想藉此結識一個闊親家,使自己也連類飛黃騰達。什麼木蘭從軍,緹縈救父」〔註7〕。

游壽早年、晚年影像。游壽到了晚年形容憔悴,眼神卻保持著一貫的堅毅、淡定。觀其影像,不難想見其當前以弱小的身軀站在文物資料室門口阻攔紅衛兵時,豪氣干雲。

〔註6〕(英)瑪麗·伊格爾頓:《女權主義文學理論》,胡敏、陳彩霞等譯,湖南文藝出版社,1989 年 2 月版,第 134 頁。
〔註7〕魯迅:《華蓋集》,人民文學出版社,2006 年 12 月,第 2 版,第 110 頁。

第二節 「有心雄泰華，無意巧玲瓏」──「南蕭北游」 的「丈夫氣」

在民國女子書家中，最以職業書家為其首屬藝術身份的「大書家」只有「南蕭北游」二人。在其以往不論性別之名進入書法場域的同時，在她們的書法作品中，性別的自覺意識卻也必須是隱退的。二位的書法審美取向都是「有心雄泰華，無意巧玲瓏」的。不論在筆法、墨法、字法還是章法的維度上，均以雄深渾厚，元氣淋漓，陽剛之氣逾於鬚眉的道美得到認可，她們的書法審美傾向可謂「有心雄泰華，無意巧玲瓏」。

游壽運用「回腕法」的創作狀態影像。

蕭嫻《「四海俱有」匾額》中「海」字的清晰「戰筆」痕跡。

一、筆法

筆法再分，可以分成「執筆法」和「運筆法」。在執筆法的基礎中，指實掌虛是一個關鍵。指實的目的在於使得手指之間的力量有區別而不至於突兀，掌虛則使得手掌之中形成一個空間，以致氣力相調。而「運筆法」中的要點則是力的傳達。行筆時，指掌之間的力需通過筆桿傳達至到筆端，直至每一根筆毫的尖端。《筆意贊》的作者是南朝齊的王僧虔，他在談到運筆時提及：「萬毫齊力、纖微向背、毫髮死生。」〔註8〕所以用筆必須萬毫齊力，方能產生視覺效果之中線條的「力感」，若要充分體現出「力感」，則書寫過程中則以中鋒用筆居多。行筆的過程是力的傳達的過程，故行筆之時不能平拖直抹，而要寫出線條的凝重、圓潤、厚實之生命意象。「中鋒比起側鋒來，易於表現遒勁健拔的骨力和剛毅壯直的美。」蕭嫻在總結其用筆方法時說：「用筆之法，古往今來，論著頗多，個人之見，要者橫平豎直，筆筆俱到，務求中鋒，體正管直，心在筆尖，意在筆先。」〔註9〕

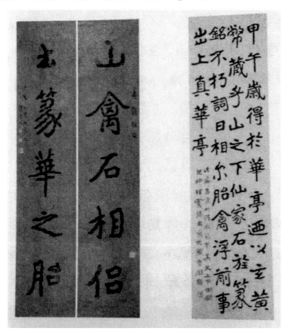

李瑞清（左）、曾熙（右）臨瘞鶴銘中「抖筆」的局部。

〔註8〕張潛超：《中國書法論著辭典》，上海書畫出版社，1990 年 12 月版，第 314
頁。

〔註9〕蕭嫻：《庖丁論書》，趙連甲、史紀南：《書法的奧秘——當代書家談藝錄》，
中國國際廣播出版社，1996 年版，第 199 頁。

　　在運筆的過程上，蕭嫻也強調要筆筆中鋒。然而，在實際書寫的過程中，要想做到筆筆沉實和處處「中鋒」是難以想像的，也是沒必要的。強調中鋒的核心目的在於將點畫的厚度和力度表現到位。從蕭嫻書法的具體作品的來看，她的筆跡中一些行筆常常是中側兼用的。「蕭嫻有時也用側鋒，譬如一撇，就側鋒取勢，效果奇絕，若用中鋒為捺，反倒平淡無奇了。」〔註 10〕蕭嫻認為：「筆要提得起來，才能八面玲瓏。」〔註 11〕蕭嫻用筆遒勁，欲倒即起，無一點傴勢，如同花木蘭臨陣交鋒，以女郎之力，奮擊番邦大將。

　　游壽的執筆方法為堪稱「苦肉計」的「回腕法」。游壽的「回腕法」的淵源始〔註 12〕自何紹基，由李瑞清、胡小石的直至游壽代代相傳。具體特徵則是將手臂在胸前圍成弧狀，從而行筆時得以保證達到中鋒的效果。在胡小石先生的指導下，與大多名家一樣，游壽遍習諸體。她的筆法之中篆書的意趣來源於她對於金文的熱愛和研究。游壽曾親手鉤摹過全本的《甲骨文前編》，摹寫過大量的金文拓片。其書法中的「金石氣」正是在這種自我訓練之中打下的深厚基礎，從而也奠定了她的書法面貌之中瘦勁清逸的基調。游壽的「回腕法」對於力的表現主要體現在她書寫大字作品的時候。書寫大字作品時，游壽的肩膀和手臂均能發力，如此，全身之氣，方得以由肩而臂，由臂而腕。所以，蕭嫻的作品總是呈現出精神飽滿，雄強厚重的面貌。在運筆上，游壽繼承了胡小石的「澀筆」法，善用硬毫，運筆顯出遲澀之感。遲澀即是「拙」的一種，與「巧」相對，作品極具力量之美，充滿金石氣。王澍在《論書剩語》中有言：「能用拙，乃得巧；能用柔，乃得剛。用筆沉勁，姿態乃處。」〔註 13〕游壽的這種以「澀」寫「拙」的運筆恰恰是對力的最巧妙表達。

　　行筆的過程中要表現「滯澀」感，「戰筆」是一種基本的動作。這種技巧以往出現在黃庭堅的大字作品中，也出現在李瑞清、曾熙等人臨摹《瘞鶴銘》的時候，要在紙面上表現出山石與斧鑿力量感。

〔註 10〕俞律：《蕭嫻書法藝術解析》，江蘇美術出版社，2002 年版，第 27 頁。

〔註 11〕葉康寧：《蕭嫻篆書四言聯賞析》，《金陵四家書法精品賞析》，榮寶齋出版社，2012 年版，第 93 頁。

〔註 12〕向古代追溯，回腕法是晉唐古法。從漢代傳至唐，書家多用此法，據說如索靖、張芝、李世民，都用回腕法。宋代黃庭堅也用此法。古代回腕法屬於「腕法」的一種，腕部微內卷，運用靈活，以增力及保持中鋒。

〔註 13〕洪丕謨：《書論選讀》，河南美術出版社，1988 年 2 月版，第 232 頁。

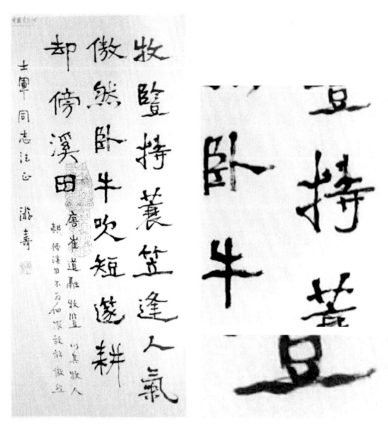

游壽作品中的「澀筆」局部。

二、墨法

墨在書法作品中，表現為運筆痕跡的枯濕濃淡之變化。蘇軾在《論書》中有言：「書必有神、氣、骨、肉、血，五者闕一，不為成書也。」〔註14〕此論中，藉「血」來譬指書法作品中的用墨。用墨若是得當，水墨融洽，效果極佳。由此看出，墨法亦是書法品評的一個重要組成部分。墨法的表現形式多種多樣，極為豐富，有焦、濃、重、淡；乾、濕、燥、潤；沉、浮、虛、實之分。另外還有漲墨、渴墨、飛白等多種表現形式。與中國水墨畫相比，書法較為講究用墨的濃淡相宜，墨過淡則傷神采，反之，墨過濃則影響用筆的流暢貫氣，使得用筆遲滯拖沓。宋姜夔《續書譜用墨》中說：凡作楷，墨欲乾，然不可太燥。行草則燥潤相雜，以潤取妍，以燥取險。墨濃則筆滯，燥則筆枯，

〔註14〕蘇軾：《論書》,《歷代書法論文選》，上海書畫出版社，1979 年版，第 313 頁。

亦不可不知也。」〔註15〕由此可見，墨法的重要性及多變性，在運用書寫時，旨在靈活運用，不可拘泥，在使用中掌握恰當的分寸。

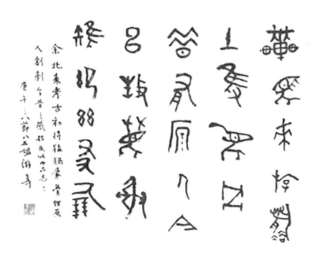

游壽作品《集殷契文》中的「飛白」局部。

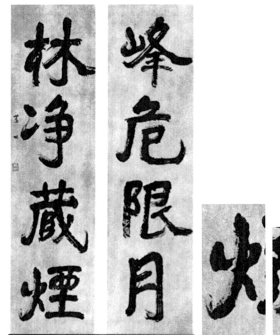

蕭嫻作品《「峰危林淨」四言聯》中的「飛白」局部。

〔註15〕姜夔：《續書譜》，《歷代書法論文選》，上海書畫出版社，1979年版，第383頁。

　　墨與紙張間的對話是墨法得以直接影響作品最終效果。筆走之後的墨蹟對於紙張的滲透程度以及墨汁本身的品質也會使得字跡呈現出不同的光澤與質感，這對字的形質氣韻神采起著極大的作用。在墨色的取法中，淡墨、潤澤和濕多能見於呈現秀美之氣的作品，這些特質更加適合體現出清幽、恬淡、飄逸之感的特徵，更易於表現出書法的陰柔之美感。而像蕭嫻和游壽的書法之中常見的濃墨、渴筆的乾燥遲澀之感則多能表現書法的老辣、雄厚和深沉，可與字形相互烘托，體現出堅實、厚重、險峻之感，易於表現出書法的陽剛遒勁之美。游壽善用硬筆蘸濃墨書寫，作品體現出凝練、古樸、雄渾的風貌。蕭嫻用墨也多見濃墨，線條中常見飛白，所書篆隸楷行都有厚重之感，碑味濃鬱。

三、字法

　　結體，又稱「結字」或「結構」，是點畫排布的構成方法。對於每一個書家來說，不論其作品的變化性有多麼強大，排布點畫都能夠形成一種慣習，這種慣習透露於書法的整體作品之中便昭示著書家書法風格的一個重要的特點。歷代的書法家或書評家也多有著述論及字形結體的方法，如歐陽詢的《結構三十六法》、黃自元的《結字九十二法》等等。書法的結體要隨著書寫所選擇的字體的不同而做出相應的變化，趙孟頫《蘭亭序十三跋》中說：「書法以用筆為上，而結字亦須用工，蓋結字因時相傳，用筆千古不易。」〔註16〕又說：「學書有二：一曰筆法，二曰字形。筆法弗精，雖善猶惡；字形弗妙，雖熟猶生。學書能解此，始可以語書也已。」〔註17〕

　　蕭嫻作品中字的結體顯出的是一派自然天成的勢態，看似期間沒有對間架結構進行刻意的追求，筆劃間卻又能因勢利導，開張筆勢，呈現出恢弘氣象，給人以寬博的感覺。當然這種看似的不經意絕非無心的隨意之筆，期間有著臨帖過程中的艱辛和創作成型前的苦心排布，每一個筆劃都到位地表達著書寫者的心性和氣質。游壽書法的結體自然錯落，奇側多姿，也不似刻意經營。其作品恰恰能在而似在無意之間獨見其匠心，呈現出一種古樸超脫的韻致。當然，這種天渾然天成的美也是建立在早年嚴格訓練的基礎上的，是對刻意的一種超越，也是融碑體意趣於楷書神韻的妙處之所在。

〔註16〕元・趙孟頫：《蘭亭序十三跋》，吉林文學出版社，2009年1月版，第3頁。
〔註17〕元・趙孟頫：《蘭亭序十三跋》，第6頁。

四、章法

　　如果說字法是指對於每個字中點畫位置的經營，那麼章法就是在整幅作品中對於字與字行與行之間關係的處理。在處理整幅作品中的每個部分間相呼應、相照顧等的關係時，篇章布白的方法，位置經營的構思中，計白當黑、知白守黑，是章法之要旨。

　　明董其昌《畫禪室隨筆》中說：「作書最忌者位置等勻……，當長短錯綜，疏密相間也。」〔註18〕又云「古人論書，以章法為一大事，蓋所謂行間茂密是也……右軍《蘭亭敘》，章法為古今第一，其字皆映帶而生，或小或大，隨手所如，皆入法則，所以為神品也。」〔註19〕

　　蕭嫻的作品中，大字對聯是主流的形質。她往往不在意對於行列嚴整的苦心經營。渾樸自然，歪而不倒。她的對聯作品中，往往左聯起筆高於右聯。這後來反而成了藏家對蕭老作品進行鑒真辨偽的一條要領。

〔註18〕明・董其昌：《畫禪室隨筆》，《歷代書法論文選》，上海書畫出版社，1979年版，第539頁。
〔註19〕明・董其昌：《畫禪室隨筆》，《歷代書法論文選》，第539頁。

　　蕭嫻的書法多以大字的作品出現，在章法上並不刻意追求規整。她的書法雄厚強健，與之相適應的章法則體現為字距和行距上的相對疏闊卻不失和諧。游壽的作品字體上是、隸、楷皆有，在用筆的意趣上則集中字體的作品都呈現出篆書金文的味道。於是在其作品的章法布白上，她也相應地有意取法高古，作品多為有縱行而無橫行，各豎行中，字數亦參差不齊錯落不定。這種錯落有致的美感取法於西周大篆鍾鼎。在游壽的書法中，用筆的方澀配合墨色的蒼渾，古樸的結字與錯落的章法布白又恰到好處的融為一體，於是總體上才能顯現出高古與渾然天成之意味。

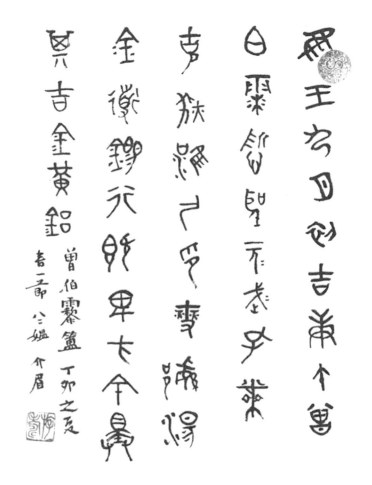

游壽《臨曾伯黎簠銘》，縱行嚴整而橫列自然，還原了金文「彊繩野獸」的章法趣味。

第三節　師門風格與個性書風的養成——以游壽的個人書學史為例看女子書家的處境

　　權力是一種彌散的力量，它不僅僅以暴力的形式存在於具體物質財產或資本的強弱不均的競爭者之間，它還可以以非暴力的形式存在在文化或說審美的取向之中。一位藝術家，其個人藝術風格的形成和發展原於多方面因素，其中對自己非具象的形式創造物的不斷具象化是最為普遍的方式。〔註20〕游壽師承大師而自成名家，她的書法師承之路走得康莊，她的風格自覺之路走得坎坷。她的書法風格在師承範式與自我的性別認同的糾葛之中緩慢演進、踽踽前行。

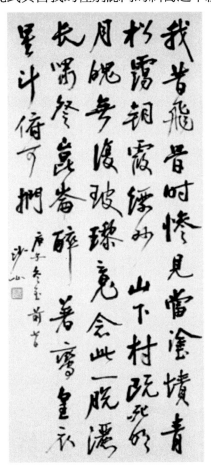

胡小石，《行書節錄李白上清寶鼎詩軸》，1960 年，南京博物院藏。

〔註20〕（奧地利）安東・埃倫茨維希：《藝術視聽覺心理分析》，肖聿等譯，中國人民大學出版社 1989 年 6 月版，第 97 頁。

一、走上金石之路

　　從十五歲入學福州女子師範學校到遷往南京前的九年時間是游壽的書法初具面目的階段，此間她大量臨習顏魯公的作品，用筆、結字追求平正。自1928年至1957年間是游壽遷居南京求藝於胡小石門下的階段。她曾在中央大學師從國學大師胡小石學習先秦文獻學，彼時的南京鴻儒雲集，書法上她藝術風格繼承李瑞清、胡小石金石書風的。此間她對於胡小石書法的頂禮膜拜，酷愛至極，臨習摹寫胡小石的作品幾可亂真。從彼時起，她的書法風格便深深地烙上了門派的印記。在書風氣息上，游壽的作品奉行融帖納碑、以碑化帖的主張，以「書卷氣」和「金石氣」的融合致勝。在書體上，她堅守本門派的傳統，以篆隸為主，兼善行書，不涉草法；在筆法上，書北碑石刻融篆隸筆意，顫掣頓挫的筆法兼施其中；在結字形態上，斂中宮，放四周，大氣而雄擴；在執筆上，她繼承的「回腕法」是自何紹基到李瑞清再到胡小石三代書者一脈相承的。「苦肉計」的「回腕法」要領在於內在氣力要到位，這樣才能便於澀筆的行進，線條的波折才能得以彰顯，從而體現書寫過程的節奏變化。只有講求枯筆巧用，面貌方能沉實蒼勁，金石氣濃鬱。

李瑞清，《楚辭遷史五言聯》。

李瑞清書《濱廬匾額》。

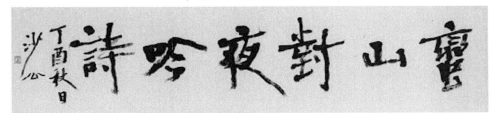

胡小石,《蠻山對夜吟詩》,私人藏。

游壽,《炳燭齋舊居匾額》。

「作為碑派傳人,游壽與蕭嫻皆為碑學的最後殿軍。碑派門緒在她們之後就幾乎根絕了。」〔註21〕因而她們的肩上積澱了沉重的負擔,她們明白延續門派書風責無旁貸,又深諳自拓新變才是藝術的生存之道。這種兩難境遇決定了其獨立風格形成的艱難性。然而,碑學大興的時代已經過去了,固守師門因循舊法將沒有成就自我的機會,所以這便決定了碑學書風者不能有大的建樹和開拓。這是來自時代的一種限制,無法逾越。

隨著時代的推移,書法的面貌也會相應演化,游壽的書法風格亦是隨著她的閱歷一同成長直至晚年才定格下來的。從臨帖學書到承襲師制再到自為創作,游壽的學識、歷練早已如水中鹽味般幻化在晚年所成定式的書法面貌

〔註21〕傅愛國:《性別意識形態中的游壽書法風格簡論》,《解放軍藝術學院學報》,2007年,第4期,第38頁。

中。在游壽的創作中，守成是座右銘，也是自覺的選擇。或則說起碼是自為的選擇。

游壽是在書法上是一位師門風貌的守護者，在學術領域是一個研究古文字和考古的學者，在性別上還是一個女子，她在成長的過程中所歷經的一切都必然會作用於其作品的面貌上。也正是游壽的學識、坎坷的人生和性別身份的孤獨感造就了她的個性，從而注定了她會自願選擇「守成」於師門風貌，並矢志不渝。對於書法的範式、體態、主張上，游壽以自己既有形式進行再創造，再加上從未想過要『逾越』門戶，難以避免風格上近親繁殖的弊端。游壽在學術和藝術方面對於師道傳統的一意孤行，是「士之於道」的敬業，也是傳統婦道之中慣於「恪守」的那種情結。這種貌似主動的「恪守」中隱藏著兩重權力的作用：學術上，高階層——更年長的更有名的師——對於較低階層——較年幼的、較無名的學生的文化符號的評價權的傳達；性格上，女性對於臣服於男性選擇的慣習和對於男性審美標準更優的默認的這兩種集體無意識在游壽這個個體上的體現。

胡小石，《臨魏碑四種》，楷書，南京博物院藏。

二、「人書俱老」時的回眸

當然，在忠貞履行師門的藝術主張的同時，游壽的創作實踐對於門派的個性風格亦有所發展和延伸。與師祖、師父相比，游壽書法的審美特質在外在的樣態形式和內在的精神氣質意蘊都有著別樣的呈現。從 1957 年遷居北國直至其耄耋之年以前，是游壽在書法上自成面目、獨闢蹊徑的發展階段。此後，在書藝上，漸漸達到超凡脫俗人書俱老的狀態。故游壽素來被稱為學者類型書家，是實至名歸的。

對於一個完整的、獨立的書家來說獨闢蹊徑，自成面目形成自己的東西

是十分重要的。用阿多諾的話來講：「作品的傳承性並非存在彼此互為模式的關係中，而是存在於其批判性的關係中。」〔註 22〕批判性即是藝術家的自我獨創精神。這種批判，或者說是對前人的反思，當是作用在歷史之上、時代之上和門派之上的。在形式和內蘊上，游壽的書法進入人書俱老時的定格面貌與對派系的傳承之間的確存在著一些作用與反作用，不能說兩者之間沒有一定的「批判性的關係」。若從傳統的圖像學的外在形式看來，與師爺李瑞清和老師胡小石相比，游壽在筆法、墨法、結體、章法上都弱化了對技法的關注，增加的是率意和自然的感覺。在筆法中，顫掣波折的線條──金石氣──「李派」書法中的經典，但在游壽這裡行筆的滯澀感和抖動感仍在，但已然去掉了許多刻意的成分。

游壽《論北朝法書碑誌》初稿手稿（局部）影像。

〔註22〕（德）阿多諾，王柯平譯：《美學理論》，四川人民出版社，1998 年版，第 63頁。

　　通過對商周金文和漢魏碑版大小錯落的隨意糅雜，游壽書法在視覺傳達的整體效果上不再講求每一個字的雅潔端嚴，也不再苛求每一個筆劃的娟秀靜美，全然任意而出，不事安排，舉重若輕，於是更有一番超凡脫俗的縱情浪漫。這在審美上是自覺的矯正，同時也是身為女子的游壽在碑學環境弱化的他鄉，「守門人」意識減退的不自覺選擇。寓居北國的游壽是孤獨的，生活已不同於常人，冷僻的學問也會讓她將掛礙漸漸淡忘。歲月靜好，在與老師的藝術環境長久保持著遙遠的空間距離，會使得心理距離變得更遠。游壽雖不曾要刻意地弱化碑學的意識，卻自然地退卻了作品中原有的張揚和獷悍之氣。游壽的學者氣不僅僅是小學的治學功底所造就的，她的書法理論成就同樣著作等身。其「自覺」的書法觀念用其獨有的書法觀即可見證：「一時代書風，不是一個人轉變的，而是全民風格，千百個人的心靈風貌相結合的線條藝術。」〔註23〕她的書法思想主要見於《歷代書法選》和《論北朝法書碑誌》。

　　游壽在審視和創建書法的風格面貌時十分重視心靈的主觀因素。她對於北朝宮人墓誌書體風格的有過深入的研究，她知道這是一些道貌岸然的名書家或知識分子所不屑的甚至是嘲笑的，但她認為這類的問題之所以沒有被提出沒有被重視是因為沒有人真正費心去理清過那成千上萬的冢墓遺文，更不會有人正式地看待那些問題。在宮廷當中，錯彩鏤金的藝術環境與細膩纖秀文化氛圍會使得墓誌書體呈現秀麗的風格面貌，這種面貌雖不及董美人那樣的華麗秀美卻也是一種不容忽略的藝術風格，因為宮人墓誌細線條書體的秀麗是瞭解時下宮廷中審美喜好的橋樑，這種書風的影響也是十分深遠的。游壽自身的女性性別身份使得她必然會對藝術秀美纖麗的天然意趣鍾情，從而難以棄置。她的痛苦彷彿在唱一曲「我本是女嬌娥，又不是男兒郎」，無奈而又模糊。在男子話語的話語體系下生存著，在與男子書法的抗爭並獲得一席之地後，游壽終於得以在不論悲喜皆能認命的人生情態中獲得性別的回歸，從而使自己的書風不斷昇華，邁入「高秀」、「深秀」的化境。也恰恰是在這一個層面上，游壽的書法風格的發展、變化便是對其所守候的師門面貌的再發揚，她同時實現老師所未了的心願——「恨未能挹其高秀」，在保持著高的格調上尋回了自己的「淡淡妝，天然樣」。

〔註23〕傅愛國：《性別意識形態中的游壽書法風格簡論》，《解放軍藝術學院學報》，2007 年，第 4 期，第 41 頁。

北魏·《馮迎男墓誌》（局部），收入北京圖書館金石組編，《北京圖書館藏中國歷代石刻拓本彙編》，第 4 冊，鄭州：中州古籍出版社，1989 年版，第 104 頁。

第六章 結 論

一、民國女子書法的四個「雖然，但是」

民國女子書法的總體狀況，可以用如下四個雖然但是來概括：

民國時期的女子書家雖然不是自發形成一個群體，在總體水平上也不能代表當時最高水平而一領風騷，但是卻以其突然出現而醒目，因產生了積極影響而被歷史以群體形象認可；雖然其書法風格不盡是雄強遒美，但是卻以此而成為群體書風的代名詞。雖然民國的女子書家以史所未見的群體規模出現在書法的舞臺上，但是真正能夠與男子書家其名，並被當做「大書家」而非「女書家」看待的只有游壽和蕭嫻二位。雖然兩位女子書家的出現是從零到有的突變，但是二位女子書家的藝術能夠在男性話語體系的書法場域中存活是建立在她們在藝術中隱退了自身的性別特質的基礎上的。

二、民國女子書風的三個成因基礎

「南蕭北游」作為民國女子書家中最典型的代表被歷史以不加「女」字的書法家所認可，總結風格雄強遒美者的成因有三個基礎：

一是，民國的書法大環境中充斥著碑學的營養，對於碑學的厚重和雄大意蘊的融合是書法藝術性的價值。蕭游二位又皆拜入崇碑學重金石的重量級師門承載著碑學傳承的重任。簡言之，則是視域中出現了遒美的這種選項。

二是，西學東漸的文化環境使得書法教育和女子教育的合法化、體系化、規模化。這為女子書家群體的出現提供了可得性基礎，而在文化現象中，最典型個體突顯與次典型群體的出現是高度相關的。簡言之，則是女子群體具

有了對風格的選項做出選擇的權利。

　　三是，民國女性主義意識的男性化導向所帶來了審美的男性化傾向和強烈的報國豪情。女子書法風格遒美化的特徵的凸顯和被認可，是女子主動向男性氣質趨同的結果。同時，「國難意識」重於「平權意識」的責任感所產生的豪情壯志也以藝術的載體呈現。簡言之，則是女子有了選擇遒美風格的動機。

三、民國女子書風成因的兩條主線

　　民國時期的女子書法遒美化的成因可以梳理出兩條主線，第一條是書法自身的發展至清中葉時期的形成碑帖二分的「倒 Y 型」分叉，碑學帖學兩條分支經歷著藝術的自律性有起有伏地延續至民國時期穩定地共存下來。

　　清中葉以前，並沒有碑學的概念出現，碑學鼎盛期為晚清光緒年間，經宣統、民國初年的發展，一直影響到整個 20 世紀書風。民國以來，宗碑與宗帖、碑學與帖學的論爭與交叉、融合一直影響著書法界。民國和晚清，雖說在政治上是兩個時代，但從書法風格的角度來看上可以算作是一個整體。因為，民國時期的書法風潮對於晚清的書法觀念既有所繼承又有所修正，碑學的審美傾向的仍然發揮著十分巨大的影響。直到民國中葉以後，帖學開始漸漸回溫，碑帖結合的風格得以另闢蹊徑，從而，碑學與帖學既得以各自獨立而又得以相互交融。我們必須認識到的是，晚清碑帖之爭在民國時期也有十分類似的事件發生，民國時期的諸多書法事件的發展和書學風格的興衰現象大都能夠在晚清的那個岔路口找到濫觴之源，二者並非涇渭分明卻剛柔陰陽各有所持。再者，清末民初時期金文、簡牘書、甲骨刻片的大量出土並不只有文字學和史學的意義，其筆記刀痕所表現的金石氣還有著不容小覷的審美意義，這對於民國書法審美的影響也是必須注意的；當然，照相術、印刷術等科學的進步對於書法的生存環境帶來的衝擊和全盤西化的學術理念在知識分子階層中引起的保護國粹的古典心態也不容小視。

　　第二條主線則是性別意識的發展脈絡，中國整個封建社會的歷史中，女子的審美傾向都向來以柔秀姿媚為質。女性意識萌芽也是從晚清開始。其跟隨著男性領導人的帶領發展至民國，審美也向男子的風貌趨同，其表現在服飾上則是以秋瑾為代表的女子著男裝風潮，此中又有西裝和長衫二分。此後長衫漸轉化為展示女子曼妙身姿的旗袍，作為女性性別氣質的自我認同來體

現。也就是說發展至彼時，女子對於性別氣質的審美也有了男子氣質和女子氣質的兩種選擇，也形成了一個倒 Y 型的脈絡。

　　兩條審美二分的脈絡至此貌似得以重合，但是女子服飾的審美是坐落在身體上的，仍然處於一個被看、被打分的角色。於文化上，女子對於書法風格的選擇終降落在男子氣質上，這與男子群體把持著對於文化話語體系的建立和範圍的圈定絕對權力有關……

四、民國女子書風承載的一種權力表達

　　「依權力的支配形式，大略可以分為兩種：使用強力或暴力的權力和使用非暴力的權力。前者往往多與強力、戰爭、暴力緊緊相連，而後者往往見於一種社會文明化以後表達權力的形式，即一種採用讓渡、象徵、符號等形式來達成的用以支配的形式，其表現的方式在不同的社會中也各有不同，但是這些往往可以看作一種文化的表達。」〔註1〕

　　書法，作為一種書寫的形式變化，經過歷史的淘洗，一直被灌注著一種權力。之所以王羲之、趙孟頫、董其昌的墨蹟會被長時期的當成一種傳移模寫的範式，被認為是超乎所有的書寫之上的，成為一種可以支配其他人，可以讓所有人（起碼是那個時代所有人）為之傾倒的一個藝術權威，是因為擁著皇權的審美取向在一級級引領著重臣階層，引領著文人階層，引領著一切模寫者。而反向的由下至上的一層層模仿、認同的過程，事實上就是對最上層的話語建構者的話語權威的認同。

　　在兩性相較中，書法仍被看做是屬於男子的東西。（這一點在第一章性別感知實驗的數據總表中就已經得到明確而直觀體現。這種判斷延續到今，甚至仍存在於較高等文化群體中。）在男性對文化資本擁有絕對佔有權的情況下，在對文化場域的建構和範圍圈定過程中，他們已將審美取向與性別氣質偷偷畫上了等號。所以，女性所能得到的誇讚無非兩種，即要麼說「她是個女書法家，寫的很不錯了」，（這種說法則暗含著無法與男子匹敵，不使用同樣的評價標準，要為「女」字開頭的身份另外開設一條通道）；或者說「作品寫的好，沒有『女子氣』。所以為何還要說是女書法家呢？可以說是個大書法家了！」，這正說明可堪與男子相論便是好到一個程度的證明。其實，書法本

〔註1〕趙旭東：《人類學視野下的權力與文化表達——關於非暴力支配的一些表現形式》，《民族學刊》，2010 年，第 1 期，第 31 頁。

身並非女子欲進入男子主導的文化場域所需的文化資本，「丈夫氣」才是，書法只是這種審美傾向的載體而已。所以，書法在作為階級間非暴力表述形式的同時，也作為了性別間文化權力的表述形式的流露。

參考文獻

一、傳統文獻

1. 〔春秋〕老子:《道德經》,北京:華文出版社,2010 年版。

2. 〔南朝宋〕王僧虔:《筆意贊》,收入《歷代書法論文選》,上海:上海書畫出版社,1979 年版。

3. 〔南朝宋〕虞龢:《論書表》,收入〔唐〕張彥遠著,范祥雍點校,《法書要錄》,卷二,北京:人民美術出版社,1964 年版。

4. 〔南朝梁〕庾肩吾:《書品》,收入〔唐〕張彥遠著,范祥雍點校,《法書要錄》,卷二,北京:人民美術出版社,1964 年版。

5. 〔南朝梁〕袁昂:《古今書評》,收入〔唐〕張彥遠著,范祥雍點校,《法書要錄》,卷二,北京:人民美術出版社,1964 年版。

6. 〔唐〕張彥遠著,范祥雍點校,啟功、黃苗子參校:《法書要錄》,北京:人民美術出版社,1964 年版。

7. 〔唐〕韋續纂:《墨藪》,北京:中華書局,1985 年。

8. 〔唐〕何延之《蘭亭記》,收入〔唐〕張彥遠著,范祥雍點校,《法書要錄》,卷三,北京:人民美術出版社,1964 年版。

9. 〔唐〕韓愈著,嚴昌校點:《韓愈集》,嶽麓書社,2000 年版。

10. 〔唐〕李世明:《王羲之傳·贊》,收入,〔唐〕房玄齡等撰:《晉書》,中華書局,1974 年版,卷 80,冊 7。

11. 〔唐〕顏真卿:《述張長史筆法十二意》,收入《歷代書法論文選》,上海:

上海書畫出版社，1979 年版。

12. 〔宋〕陳思編撰，崔爾平校注：《書苑菁華校注》，上海：上海辭書出版社，2013 年。

13. 〔宋〕趙與時著：《賓退錄》，上海：上海古籍出版社，1983 年。

14. 〔宋〕蘇軾：《論書》，收入《歷代書法論文選》，上海：上海書畫出版社，1979 年版。

15. 〔元〕趙孟頫：《松雪齋書論》，收入《歷代書法論文選續編》，上海：上海書畫出版社，1993 年版。

16. 〔明〕董其昌：《畫禪室隨筆》，收入《歷代書法論文選》，上海：上海書畫出版社，1979 年版。

17. 〔明〕馮班：《頓吟書要》，收入《歷代書法論文選》，上海：上海書畫出版社，1979 年版。

18. 〔明〕傅山：《霜紅龕書論》，收入崔爾平選編點校：《明清書論集》，上海辭書出版社，2011 年版。

19. 〔明〕項聖謨輯，〔明〕李肇亨《醉鷗墨君解語》，《藝術叢編》，第一輯，第 25 冊，第 2 卷，臺北：世界書局，1968 年版。

20. 〔明〕趙宦光，《寒山帚談·用料五》，況正兵等點校，《藝文叢刊·寒山帚談》，杭州：浙江人民美術出版社，2018 年版，第 64 頁。

21. 〔清〕王士禎撰，勒斯仁點校：《池北偶談》，北京：中華書局，1982 年。

22. 〔清〕楊守敬著，趙樹鵬點校：《學書邇言：外二種》，杭州：浙江人民美術出版社，2019 年版。

23. 〔清〕黃鉞《二十四畫品·韶秀》，收入，俞劍華編著：《中國歷代畫論大觀（第 7 編）·清代畫論 2》南京：江蘇美術出版社，2017 年版。

24. 〔清〕安歧（松泉老人），《墨緣匯觀錄》，臺北：商務出版社，1964 年版。

25. 〔清〕吳其貞，《書畫記》，臺北：文史哲出版社，1971 年版。

26. 〔清〕曾國藩著，〔清〕李瀚章編：《曾國藩家書》，北京：中國致公出版社，2011 年版。

27. 〔清〕康有為書，朱興華、魏清河主編：《二十世紀書法經典——康有為卷》，石家莊：河北教育出版社；廣州：廣東教育出版社，1996 年版。

二、近人著述

（一）書籍

1. 金天翮：《女界鐘》，上海：大同書局，1903 年版。

2. 梁啟超：《飲冰室文集》，上海：上海中華書局，1936 年版。

3. 陳東原，《中國婦女生活史》，北京：商務印書館，1937 年版。

4. 梁啟超：《變法通議·論女學》，收入《飲冰室合集（第一冊）》，北京：中華書局，1941 年版。

5. 梁啟超：《變法通議·論女學》，收入《飲冰室合集（第一冊）》，上海：中華書局，1941 年版。

6. 劉延濤：《于右任先生書學論文集》，上海：商務印書館，1947 年版。

7. 胡文楷：《歷代婦女著作考》，北京：商務印書館，1957 年版。

8. 張玉法、李又寧：《近代中國女權運動史料》，臺北：傳記文學出版社，1975 年版。

9. 張枬、王忍之：《辛亥革命前十年間時論選集（第三卷）》，北京：生活·讀書·新知三聯書店，1975 年版。

10. 柳亞子：《黎里不纏足會緣起》，收入《近代中國女權運動史料》，臺北：傳記文學出版社，1975 年版。

11. 秋瑾：《敬告姊妹們》，收入《秋瑾集》上海：上海古籍出版社，1979 年版。

12. 全國婦聯婦女運動歷史研究室編：《五四時期婦女問題文選》，北京：生活·讀書·新知三聯書店，1981 年版。

13. 宗白華：《美學散步》，上海：上海人民出版社，1981 年版。

14. 于右任：《標準草書》，上海：上海書店出版社，1983 年版。

15. 章念馳：《記我的祖母——章太炎夫人湯國梨》，收入《浙江辛亥革命回憶錄（續編）》，杭州：浙江人民出版社，1984 年版。

16. 周錫保：《中國古代服飾史》，北京：中國戲劇出版社，1984 年版。

17. 張健著：《志同道合——邵元沖、張默君夫婦傳》，臺灣：近代中國出版社，1984 年版。

18. 蕭嫻書：《蕭嫻書法選》，北京：人民美術出版社，1985 年版。

19. 舒新城：《中國近代教育史資料（上）》，北京：人民教育出版社，1985 年版。

20. 何香凝:《「三八」節前夕談婦女運動》,收入《雙清文集(下卷)》,北京:人民出版社,1985 年版。

21. 傅山:《霜紅龕集》,西安:陝西人民出版社,1985 年版。

22. 高尚仁:《書法心理學》,臺北:東大圖書股份有限公司,1986 年版。

23. 中國婦聯:《外國女權運動文選》,北京:中國婦女出版社,1987 年版。

24. 薛維維:《中國婦女名人錄》,西安:陝西人民出版社,1988 年版。

25. 杜芳琴:《女性觀念的衍變》,鄭州:河南人民出版社,1988 年版。

26. 北京圖書館金石組編,《北京圖書館藏中國歷代石刻拓本彙編》,鄭州:中州古籍出版社,1989 年版。

27. 李國鈞:《中華書法篆刻大辭典》,長沙:湖南教育出版社,1990 年版。

28. 張潛超:《中國書法論著辭典》,上海:上海書畫出版社,1990 年版。

29. 蕭嫻書:《蕭嫻書法選集》,南京:江蘇美術出版社,1991 年。

30. 中華全國婦女聯合會婦女運動歷史研究室:《中國婦女運動歷史資料(1840～1918)》,北京:中國婦女出版社,1991 年版。

31. 劉小晴:《中國書學技法評注》,上海:上海書畫出版社,1991 年版。

32. 時蓉華、曾建國:《兩性世界:男女性別差異的心理剖析》,上海:華東師範大學出版社,1992 年版。

33. 鮑家麟:《中國婦女史論集》,臺北:稻鄉出版社,1992 年版。

34. 劉正成、王澄主編:《中國書法全集 78 近現代編 康有為、梁啟超、羅振玉、鄭孝胥卷》,北京:榮寶齋出版社,1993 年版。

35. 傅紹昌:《何香凝與八‧一三──淞滬抗戰》,收入《廖仲愷何香凝研究──廖仲愷何香凝學術研討會論文集》,廣州:廣東高等教育出版社,1993 年版。

36. 傅紹昌:《何香凝與八‧一三──淞滬抗戰》,收入《廖仲愷何香凝研究──廖仲愷何香凝學術研討會論文集》,廣州:廣東高等教育出版社,1993 年版。

37. 高尚仁:《書法藝術心理學》,臺北:遠流出版公司,1993 年版。

38. 黃碧雲等著:《嘔吐:女性生存文學》,瀋陽:春風文藝出版社,1993 年。

39. 金學智:《中國書法美學》,南京:江蘇文藝出版社,1994 年版。

40. 高尚仁、管慶慧:《書法與認知》,臺北:東大圖書股份有限公司,1995

年版。

41. 高尚仁：《當代書法心理學研究》，金開誠、王岳川：《中國書法文化大觀》，北京：北京大學出版社，1995 年版。

42. 錢銘怡、蘇彥捷、李宏：《女性心理與性別差異》，北京：北京大學出版社，1995 年版。

43. 司有侖：《生命・意志・美》，北京：中國和平出版社，1996 年版。

44. 丁亞平：《藝術文化學》，北京：文化藝術出版社，1996 年版。

45. 李銀河：《婦女，最漫長的革命——當代西方女權主義理論精選》，北京：生活・讀書・新知三聯書店，1997 年版。

46. 南懷瑾：《易經雜說》，上海：復旦大學出版社，1997 年版。

47. 阮桂海、蔡建瓴等：《SPSSFORWINDOWS 高級應用程序》，北京：電子工業出版社，1998 年版。

48. 孫洵：《民國書法史》，南京：江蘇教育出版社，1998 年版。

49. 蕭萐父：《中國哲學史史料源流舉要》，武漢：武漢大學出版社，1998 年版。

50. 王政：《社會性別研究選譯》北京：生活・讀書・新知三聯書店，1998 年版。

51. 簡瑛瑛：《何處是女兒家：女性主義與中西比較文學》，收入《文化研究》，臺北：聯合文學出版社有限公司，1998 年版。

52. 杜芳琴：《中國社會性別的歷史文化尋蹤》，天津：天津社會科學院出版社，1998 年版。

53. 游壽書：《游壽臨董美人墓誌》，合肥：安徽美術出版社，1999 年版。

54. 浙江師範大學人文學院：《中國古代婦女與文學論集》，臺北：稻鄉出版社，1999 年版。

55. 劉恒：《中國書法史：清代卷》，南京：江蘇教育出版社，1999 年版。

56. 游壽書、王寶秀主編：《游壽書法集》，哈爾濱：黑龍江美術出版社，2000 年版。

57. 陶詠白、李湜：《失落的歷史中國女性繪畫史》，長沙：湖南美術出版社，2000 年版。

58. 程同根：《趙體楷書用筆間架 100 法〈膽巴帖〉墨蹟本》，北京：華夏出

版社，2001 年版。

59. 金通達：《中國當代書法家辭典》，杭州：浙江人民出版社，2001 年版。

60. 張志和：《中國古代的書法藝術》，北京：中國社會科學出版社，2001 年版。

61. 周汝昌：《永字八法》，桂林：廣西師範大學出版社，2002 年版。

62. 楚默：《書法解釋學》，上海：百家出版社，2002 年版。

63. 樂鑠：《中國現代女性創作及其社會性別》，鄭州：鄭州大學出版社，2002 年版。

64. 宋素鳳：《多重主體策略的自我命名：女性主義文學理論研究》，濟南：山東大學出版社，2002 年版。

65. 張書珩主編：《中國書法全集·草書全集》，北京：中國檔案出版社，2002 年版。

66. 俞律：《蕭嫻書法藝術解析》，南京：江蘇美術出版杜，2002 年版。

67. 張愛玲：《更衣記》，收入《中國當代名家散文經典》，西安：陝西旅遊出版社，2002 年版。

68. 陸蓉之著：《臺灣當代女性藝術史》，臺北：藝術家出版社，2002 年版。

69. 游壽、于志學繪：《游壽、于志學書畫作品集》，哈爾濱：黑龍江美術

70. 出版社，2002 年版。

71. 俞律著：《蕭嫻書法藝術解析》，南京：江蘇美術出版社，2002 年。

72. 解小青編著，歐陽啟名主編：《沈尹默與〈蘭亭序〉》，濟南：山東美術出版社，2002 年版。

73. 李銀河：《女性權力的崛起》，北京：文化藝術出版社，2003 年版。

74. 叢文俊：《書法史鑒》，上海：上海書畫出版社，2003 年版。

75. 張堯庭，方開泰：《多元統計分析引論》，北京：科學出版社，2003 年版。

76. 南京市政協文史（學習）委員會編：《金陵書壇四大家——蕭嫻》，南京：南京出版社，2003 年版。

77. 陳振濂主編：《西泠印社百年社藏精品》，杭州：西泠印社出版社，2004 年版。

78. 王震：《二十世紀上海美術年表》，上海：上海書畫出版社，2005 年版。

79. 趙運乾：《夜郎之光 1976～2002》，貴陽：貴州民族出版社，2005 年版。

80. 風笑天：《社會學研究方法》，北京：中國人民大學出版社，2005 年版。

81. 謝建華：《中國書法家全集 胡小石》，石家莊：河北教育出版社， 2005 年版。

82. 包銘新：《海上閨秀》，上海：東華大學出版社，2006 年版。

83. 周天度，孫彩霞：《救國會史料集》，北京：中央編譯出版社，2006 年版。

84. 《永字八法：書法藝術講義（插圖珍藏本）（修訂版）》，桂林：廣西師範大學出版社，2006 年版。

85. 魯迅：《華蓋集》，北京：人民文學出版社，2006 年版。

86. 朱光潛：《談美》，合肥：安徽教育出版社，2006 年版。

87. 陳向明：《質的研究方法與社會科學研究》，北京：教育科學出版社，2007 年版。

88. 本書編委會編：《紀念游壽先生誕辰百年研討會書學文集》，哈爾濱：黑龍江人民出版社，2007 年版。

89. 傅璇琮：《漢魏六朝賦》， 濟南：泰山出版社，2007 年版。

90. 朱友舟：《姜夔續書譜·用筆》，南京：江蘇美術出版社，2008 年版。

91. 張默君著：《玉渫山房文存》，臺中：文聽閣圖書有限公司，2008 年版。

92. 朱光潛：《西方美學史》，北京：人民文學出版社，2009 年版。

93. 侯開嘉：《中國書法史新論》，上海：上海古籍出版社，2009 年版。

94. 王冬亮，羅海兵：《二王書風探微》，上海：上海書畫出版社，2009 年版。

95. 姜壽田：《現代書法家批評》，鄭州：河南美術出版社，2009 年版。

96. 劉佳：《中華書法大全集》，北京：高等教育出版社，2010 年版。

97. 李定一，陳紹衣編：《李瑞清書法選》，武漢：武漢理工大學出版社，2010 年版。

98. 鄧嗣禹：《中國考試制度》，吉林：吉林出版集團有限責任公司，2011 年版。

99. 黃鉞：《二十四畫品》，收入羅維揚，史全社：《袁白濤遺墨》，武漢：武漢出版社，2011 年版。

100. 王朝聞：《中國美術史：清代卷（上）》，北京：北京師範大學出版社，2011 年版。

101. 虞和平：《辛亥革命百年紀念文庫·經元善集》，上海：華東師範大學出

版社，2011 年版。

102. 魏源：《湖湘文庫（甲編）魏源全集》，長沙：嶽麓書社，2011 年版。

103. 魏天真、梅蘭著：《女性主義文學批評導論》，武漢：華中師範大學出版社，2011 年版。

104. 傅永和、李玲璞、向光忠主編：《漢字演變文化源流（下）》，廣州：廣東教育出版社，2012 年版。

105. 楊琳編：《漢字形義與文化》，天津：南開大學出版社，2012 年版。

106. 江藍生：《現代漢語詞典》，商務印書館，2012 年版。

107. 陶敏輝主編：《游壽書法文獻──金石書派──百年傳承》，北京：中國文史出版社，2014 年版。

108. 南京市文學藝術界聯合會、南京市書法家協會編著：《蕭嫻》，南京：江蘇美術出版社，2013 年版。

109. 王汎森：《權利的毛細管作用：清代的思想、學術與心態》，臺北：聯經出版事業股份有限公司，2013 年版。

110. 求雨山文化名人紀念館主編：《蕭嫻書學軼事》，南京：江蘇鳳凰美術出版社，2015 年。

111. 章用秀著：《對聯書寫答問》，天津：天津人民美術出版社，2015 年版。

112. 周睿著：《士人傳統與書法美學》，南寧：廣西美術出版社，2017 年版。

113. 王冬梅著：《女性主義文論與文本批評研究》，武漢：武漢大學出版社，2018 年版。

114. 倪代川：《文化與空間》，上海：上海人民出版社，2018 年版。

115. 張明觀、張慎行、張世光編著：《南社社友圖像集》，上海：上海人民出版社，2019 年版。

116. 〔日〕小野和子：《中國女性史》，高大倫譯，成都：四川大學出版社，1987 年版。

117. 〔英〕瓦倫汀，潘智彪譯：《實驗審美心理學》，海口：廣東三環出版社，1989 年版。

118. （日）中田勇次郎主編，於還素譯：《書道全集》，第 1～10 卷，臺北：大陸書店，1989 年版。

119. 〔奧地利〕安東·埃倫茨維希，肖聿等譯：《藝術視聽覺心理分析》，北

京：中國人民大學出版社，1989 年版。

120. 〔英〕瑪麗・伊格爾頓，胡敏、陳彩霞等譯：《女權主義文學理論》，長沙：湖南文藝出版社，1989 年版。

121. 〔挪威〕陶麗・莫依，林建法譯：《性與文本的政治：女權主義文學理論》，吉林：時代文藝出版社，1992 年版。

122. 〔美〕袁曉園著：《曉園作品選》，北京：光明日報出版社，1994 年版。

123. 〔美〕琳達・諾克林，游惠貞譯：《女性，藝術與權力》，臺北：遠流出版社，1995 年版。

124. 〔法〕西蒙娜・德・波伏娃著，陶鐵柱譯：《第二性》，北京：中國書籍出版社，1998 年版。

125. （法）皮埃爾・布迪厄，（美）華康德著，李猛，李康譯：《實踐與反思：反思社會學導引》，北京：中央編譯出版社，1998 年版。

126. 〔德〕西奧多・阿多諾，王柯平譯：《美學理論》，成都：四川人民出版社，1998 年版。

127. 〔美〕凱特・米利特，鍾良明譯：《性政治》，北京：社會科學文獻出版社，1999 年版。

128. 〔法〕米歇爾・福柯，佘碧平譯：《性經驗史》，上海：上海人民出版社，2000 年版。

129. 〔法〕皮埃爾・布迪厄著，劉暉譯：《男性的宰制》，深圳：海天出版社，2002 年版。

130. 〔美〕琳達・諾克林，李建群等譯：《失落與尋回——為什麼沒有偉大的女藝術家》，北京：中國人民大學出版社，2004 年版。

131. 〔日〕河內利治，承春先譯：《漢字書法審美範疇考釋》，上海：上海社會科學院出版社，2006 年版。

132. 〔美〕朱迪斯・巴特勒，羅素鳳譯：《性別麻煩》，上海：上海三聯書店，2009 年版。

133. 〔美〕安妮・達勒瓦著，徐佳譯：《藝術史方法與理論》，北京：人民美術出版社，2017 年版。

134. 〔美〕艾朗諾著，夏麗麗，趙惠俊譯：《才女之累——李清照及其接受史》，上海：上海古籍出版社，2017 年版。

135. 〔法〕儒勒・米什萊著，李雪譯：《論女性》，上海：上海社會科學院出版社，2019 年版。

136. 〔意〕瑪爾塔・阿爾瓦雷斯・岡薩雷斯、希姆娜・巴托琳娜著，劉令溪譯：《藝術中的經典女性》，武漢：華中科技大學出版社，2019 年版。

137. Nochilin, Linda, " Why Have There Been No Great Women Artists?" in Thomas and Elizabeth C. Barker (eds), *Art and Sexual Politics* (New York: Macmillan, 1973) , pp. 1~39.

138. Renna Nezos, Graphology: *The interpretation of handwriting*, Rider, 1986.

139. Roman, KG, *Handwriting. A key to personality*. New York: Pantheon Books, 1952.

140. Dorothy Ko, *Teachers of Inner Chambers: Women and Culture in the Seventeenth-Century China*, Stanford: Stanford University Press, 1994.

141. Susan Mann, *Precious Records: Women in China's Long Eighteenth Centu*ry(Stanford: Stanford University Press, 1997.

（二）期刊與報紙

1. 梁啟超：《倡設女學堂啟》，《時務報》（第 45 冊），1897 年，第 22 期 。

2. 《勸誡婦女纏足叢說》，《萬國公報》，光緒 26 年 6 月。

3. 蘇英：《蘇州女校開學演說》，《女子世界》，1904 年，第 12 期。

4. 馮文鳳，《鶴山女子馮文鳳隸書潤格》，《華字日報》，香港，1915 年 5 月。

5. 沈兼士：《兒童公育》，《新青年》，1919 年，第 6 期。

6. 鑴永女士：《腳的裝飾》，《大公報》，1927 年。

7. 《何香凝救國畫展結束，收款捐助抗日救國活動》，《時事新報》，1932 年 1 月 22 日刊。

8. 《申報》：1935 年，5 月 10 日等。

9. 《新女界》，1903 年，第 1 期等。

10. 《封面》，《婦人畫報》，1935 年，第 32 期。

11. 陳葆真：《管道昇和她的竹石圖》，《故宮季刊》，1977 年，第 11 卷。

12. 王朝聞：《美術史論》，1982 年，3 月刊。

13. 周汝昌：《說「道媚」》，《美術史論》，1982，年，第 3 期。

14. 朿曉東：《「回腕出鋒，絕無媚骨」：介紹楊宛的一幅草書軸》，《書法》，

1986 年，第 2 期。

15. 邱振中：《章法的構成》，《中國書法》，1986 年，第 1 期。

16. 樂繼聲、高潤生：《讀書萬卷落筆有神——游壽先生及其書藝》，《中國書法》，1988 年，第 1 期。

17. 熊秉明：《書法內省心理探索研究班的一周》，《中國書法》，1990 年，第 1 期。

18. 龔圓常：《男女平權說》，《江蘇》，1903 年，第 4 期。

19. 丁祖蔭：《創刊詞》，《女子世界》，1904 年，第 1 期。

20. 蕭嫻：《庖丁論書》，收入趙連甲、史紀南：《書法的奧秘——當代書家談藝錄》，中國國際廣播出版社，1996 年版。

21. 賈文毓：《簡論書法吸引子》，《中國書法》，1998 年，第 5 期。

22. 姜壽田：《民國書法思想史論》，《書法之友》，1998 年，第 1 期。

23. 陳振濂：《現代中國書法史》，《書法研究》，1999 年 3 月。

24. 葛兆光：《思想史家眼中之藝術史——讀 2000 年以來出版的若干藝術史著作和譯著有感》，《高等學校文科學術文摘》，2006 年，第 6 期。

25. 王曉丹：《中國近代女性主體意識的覺醒及發展》，《曲靖師範學院學報》，2001 年，第 2 期。

26. 韓新路：《簡述近代女子教育思想的形成》，《中華女子學院學報》，2001 年，第 47 期。

27. 梁繼：《民國時期女性書法述評》，《文史雜誌》，2001 年，第 3 期。

28. 張捷、徐銀梓、周寅康：《書法研究中的混沌學問題辨析》，《中國書法》，2002 年，第 8 期。

29. 劉慧英：《20 世紀初中國女權啟蒙中的救國女子形象》，《中國現代文學研究叢刊》，2002 年，第 2 期。

30. 包銘新：《近代上海女書畫家的社會角色》，《東華大學學報（社會科學版）》，2003 年，第 3 期。

31. 張捷：《書法客觀批評模式的建構——源於當前一些書法批評的批評》，《東南大學學報（哲學社會科學版）》，2004 年，第 20 期。

32. 胡志平：《談民國時期書法家的特殊潤例》，《南京藝術學院學報（美術與設計版）》，2004 年，第 4 期。

33. 張捷：《書法批評的客觀審美維度構建》，《東南大學學報（哲學社科版）》，2004 年，第 6 期。

34. 由興波：《黃庭堅的書法藝術觀》，《九江學院學報》，2005 年，第 2 期。

35. 王翃：《佩環簇簇盡仙才——論「中國女子書畫會」》，《中國書畫》，2007 年，第 5 期。

36. 傅愛國：《性別意識形態中的游壽書法風格簡論》，《解放軍藝術學院學報》，2007 年，第 4 期。

37. 張長虹：《留取丹青照汗青——何香凝與救濟國難書畫展覽會》，《榮寶齋》，2007 年，第 2 期。

38. 焦玉蓮：《中國近代婦女運動對社會變遷的影響》，《太原大學學報》，2007 年，第 3 期。

39. 陳玉：《透過中國近代女性服飾變遷看女性解放問題》，《山東省工會管理幹部學院學報》，2009 年，第 1 期。

40. 趙旭東：《人類學視野下的權力與文化表達——關於非暴力支配的一些表現形式》，《民族學刊》，2010 年，第 1 期。

41. 李沅和：《說「妍媚」》，《文化月刊》，2010 年，第 8 期。

42. 《揚州藝壇點將錄之李聖和》，《揚州晚報》，2011 年。

43. 邢建玲、李黎明：《試論民國女性書法家群體的形成及其書風的多元》，《山東女子學院學報》，2011 年，第 3 期。

44. 葉康寧：《蕭嫻篆書四言聯賞析》，《金陵四家書法精品賞析》，榮寶齋出版社，2012 年版。

45. 陳文聯：《論近代女權思想中的「男性化」傾向》，《華中科技大學學報（社會科學版）》，2013 年，第 5 期。

46. 黃正明、張捷：《書法風格分類的實驗美學研究》，收入《江蘇省直書協首屆書法理論研討會論文集》，濟南：山東畫報出版社，2013 年版。

47. 吳為山：《自信於我 深沉似秋——讀蕭嫻先生》，《中國書畫》，2017 年，第 9 期。

（三）學位論文

1. 唐穎明：《碑學與帖學之比較——論中國清朝書法》，天津：天津大學，碩士學位論文，2005 年 1 月。

2. 王燕：《民國時期女性書法道美論》，南京：南京師範大學，碩士學位論文，2005 年 4 月。

3. 蔣勇軍：《清末民初女子文化生活與女性意識研究——以知識女性為主體》，廣西師範大學，碩士學位論文，2007 年。

4. 陳玉：《民國時期女性服飾的歷史變遷》，石家莊：河北師範大學，碩士學位論文，2008 年 9 月。

5. 王韌：《中國女子書畫會研究》，上海：上海大學，碩士學位論文，2008 年。

6. 陳姍：《何香凝繪畫藝術研究》，南京：南京師範大學，碩士學位論文，2009 年。

7. 林唯妹：《民國時期新女性畫家研究》，金華：浙江師範大學，碩士學位論文，2010 年 4 月。

8. 黃仲山：《權力視野下的審美趣味研究》，北京：中國社會科學院研究生院，博士學位論文，2013 年 4 月。

9. Linda J. Hutcheon, "postmodernism and feminism", *The politics of Postmodernism*, New York: Routledge, 2005.

（四）網絡資源

1. 「書法空間」：http://www.9610.com。

2. 「中華珍寶館」：http://ltfc.net/exhibit/essence。

3. 《何香凝與救濟國難書畫展覽會——民國時期商業展覽會的個案研究（下）》：http://blog.sina.com.cn/s/blog_70a227f30100x8r7.html。

4. 《書中有我——蕭嫻先生誕辰一百一十五週年遺墨展覽》：http://www.namoc.org/xwzx/zt/xiaoxian1xiaoxian/。

附　錄

附錄一　民國時期女子書畫家大事年表

時　間	內　容	參加人物 （女子書家）	地　點
1911 年 10 月	張默君主辦《江蘇大漢報》		
1912 年	張默君發起成立神州婦女協會,任會長,並創辦《神州日報》,後任神州女校校長。		
1912 年	何香凝多次參加武裝起義軍旗的設計和製作	何香凝	
1914 年	周湘辦西法油畫傳習所男女兼收		
1915 年	馮文鳳（13 歲）於《華字日報》刊定潤格		
1917 年	中國女子美術圖畫學校成立招生(華塔任校長)		
1917 年 2 月 8 日	神州女界協會開女界交誼會上	張默君致開幕報告	
1918 年 2 月	中華女子美術學校成立 （唐家偉任校長）		上海霞飛路寶康里
1918 年 5 月	城東女學展出書畫作品		上海
1918 年 6 月	上海神州女中設立圖畫專修科		
1918 年	馮文鳳創辦香港女子書畫學校		

1918 年	張默君赴歐美考察教育，並入美國哥倫比亞大學專攻教育。曾為紐約中國學生聯合會主席。後遍歷歐美各國，考察社會和婦女教育。	張默君	
1919 年 2 月	民生女校舉辦美術展覽會		上海霞飛路貝勒路
1919 年 7 月	上海圖畫美術學院開始男女兼收	榮君立等 11 名女生入學	
1920 年 6 月	中華女子美術公司開業（唐家偉創辦）		
1920 年	張默君任江蘇省第一女子師範學校校長，並主持《神州日報》、《上海時報》工作。		
1920 年 6 月	時任南京省立第一師範學校校長的張默君贊助女工會		
1920 年	馮文鳳帶領香港第一次華人女子美術展覽會		
1921 年 1 月	上海女子美術學校成立（劉海粟創辦）		
1921 年 1 月	上海美術學校與上海女子美術學校聯合舉辦成績展覽會		
1921 年 4 月	中華女子美術學校舉辦成績展覽會		
1921 年	張默君擔任中國教育改進社女子教育組組長及交際主任，發起「中國平民教育運動」，在各地設立平民學校，掃除文盲，並在江蘇一女師附設失學婦孺夜校。		
1922 年 3 月	女子書畫展覽會發起	滬上女書畫家	上海城東女學
1922 年 6 月	中日美術協會舉辦書畫展覽會	吳杏芬	日本俱樂部
1922 年 9 月 27 日	旅滬潮汕風災籌賑處收到蕭嫻 12 件書品		
1922 年	臨寫《散氏盤》，獲康有為詩讚，並拜師康門。	蕭嫻	
1922 年冬	中國書畫保存會成立有女會員	顧青瑤為骨幹	

1923 年 2 月	豫園書畫善會舉辦書畫展（有女書畫家作品）	楊雪玖、蒲華等參加	
1924 年 2 月	上海文繡專科女子學校舉辦書畫刺繡展		
1924 年 5 月	海上書畫聯合會成立（有女會員）	周煉霞為骨幹	
1925 年	寒之友畫會成立	李秋君為會員	
1925 年 3 月	馮文鳳創辦香港女子書畫學校上海分校，校名為：申江女子書畫學校。	馮文鳳為校長	上海法租界貝勒路 29 號
1925 年	顧青瑤參與發起金石畫報社。該刊登載了她的金石篆刻作品，並在「藝術家」專欄中，著重介紹顧青瑤為金石界著名人物之一。	顧青瑤	
1925 年 8 月	《聯益之友》創刊	顧青瑤為撰稿人之一	
1925 年 8 月	游壽在福州籌辦工讀學校	游壽	
1925 年 11 月	游壽因父親遊學誠去世，繼任霞浦縣女子高等小學的校長。	游壽	
1926 年 1 月	游壽任霞浦縣立女子高等學校校長	游壽	
1926 年	蕭嫻赴廣州參加宋慶齡在廣州組織的書畫義賣，籌款慰勞北伐軍。	蕭嫻	
1926 年 12 月至1927 年 4 月	游壽於國民黨福建省黨部做婦女、青年宣傳工作。	游壽	
1927 年	上海藝苑研究所成立（潘玉良參與發起）	李秋君為主要會員	
1927 年，國民政府定都南京後	張默君被任命為中央政治會議上海分會教育委員兼杭州市教育局長。	張默君	
1928 年 10 月	藝苑繪畫研究所成立	李秋君、何香凝為成員	
1929 年 1 月	游壽考入國立中央大學中國文學系	游壽	
1929 年 7 月	藝苑繪畫研究所舉辦現代名家書畫展覽會	李秋君、何香凝作品參展	寧波同鄉會
1931 年 12 月	何香凝發起救濟國難書畫會	何香凝、蕭嫻等	
1932 年 2 月	何香凝舉辦義賣畫展，以籌集十九路軍作戰經費。眾多名家提供作品參加義賣，並當眾揮毫捐獻。	何香凝、蕭嫻等	

1932 年 5 月	上海女子書畫社發起	北平、廣州、蘇州、常州等地女書畫家	上海西門夢花街 79 號
1932 年 8 月	藝海迴瀾社舉行女子書畫展		上海
1932 年 11 月	利利公司舉辦俞寄凡近作展覽	何香凝等人作品同時展出	
1932 年 12 月	救濟東北難民遊藝會舉辦書畫展覽會	李秋君等人作品同時展出	
1932 年 12 月	何香凝、馮文鳳等中華婦女救濟東北同胞協會會員發起為東北同胞請命書	何香凝、馮文鳳等	
1933 年 2 月	何香凝作品在現代名家小品國畫展上展出	何香凝	
1933 年 8 月至 12 月	游壽任廈門集美師範學校國文教員，與謝冰瑩、謝文炳、郭莽西、方瑋德共同創辦文學月刊《燈塔》	游壽	
1933 年 10 月	女子書畫展在新世界飯店舉行		上海跑馬廳
1934 年 3 月	湯國梨在湖社婦女聯歡會上演講	湯國梨	
1934 年 4 月 29 日	中國女子書畫會成立	馮文鳳、李秋君、顧青瑤、鮑亞輝等	
1934 年 5 月 16 日	中國女子書畫會推選陳小翠、李秋君為女子書畫會主任並決定 6 月 2 日出書畫特刊	李秋君等	
1934 年 6 月 2 日	中國女子書畫會第一屆書畫展	馮文鳳、鄧碧華、楊縵華等	寧波同鄉會作品六百餘件
1934 年 6 月 11 日	中國女子書畫會設立函授科	馮文鳳（書法油畫）、顧青瑤、鮑亞輝等	
1934 年 6 月 1 日	上海美專舉辦第四十三屆師生作品暨現代名家書畫展	何香凝等	
1934 年 6 月 15 日	中國女子書畫會編輯出版《中國女子書畫展會特刊》		
1934 年 4 月至 7 月	游壽任山東省立女子師範學校（濟南）國文教員	游壽	

1934 年	游壽考入金陵大學國學研究班，入胡小石門下研讀小學。	游壽	
1934 年 7 月 7 日	中國女子書畫會扇面展	馮文鳳、鄧碧華、楊縵華等	利利文公司
1934 年 10 月 1 日	百川書畫社舉辦第一屆書畫展覽會	何香凝有作品參展	
1935 年 3 月 24 日	中國女子書畫會書畫展覽籌備會議	馮文鳳等	卡德路一五八號
1935 年 5 月 10 日	中國女子書畫會第二屆書畫展	馮文鳳、李秋君、顧青瑤、陳小翠、周練霞、江道樊何香凝等	北京路口貴州路湖社
1935 年 12 月 8 日	由上海婦女教育館主辦婦女書畫展開幕	何香凝、馮文鳳、鮑亞輝、顧青瑤等	上海教育館
1936 年 4 月 24 日	中國女子書畫會常會	顧青瑤、馮文鳳、李秋君等	
1936 年 5 月 29 日	中國女子書畫會第三屆書畫展	馮文鳳、陳小翠、顧青瑤、吳珠、顧默飛、江道樊、朱冷芳、何香凝等新老會員	寧波同鄉會
1936 年 7 月	游壽於金陵大學畢業，獲碩士學位。畢業論文為《殷周 代的神道觀念》。另有《釋甲子》一文，發表於《金陵大學院刊》。	游壽	
1936 年 8 月	何香凝等發起力社並舉辦畫展	何香凝作品、十九省書畫名家作品參展	大新公司
1936 年 9 月	湯國梨被聘為蘇州二樂女子學術研究社教授		
1936 年 10 月 23 日	中國畫會第六屆書畫展	馮文鳳、鮑亞輝、顧青瑤等	大新公司四樓
1936 年	湯國梨任章氏國學講習會理事長並任太炎文學院院長		

1937年5月15日	中國女子書畫會第四屆書畫展	李秋君、鮑亞輝等	寧波同鄉會四樓
1937年6月	谷音書畫會舉辦書畫助賑展	馮文鳳、何香凝等參加	
1937年7月至1939年12月	游壽在江西臨川與雷潔瓊組織女子抗日後援會	游壽	
1937年10月1日	中國畫會與中國女子書畫會聯合舉辦慰勞前線將士書畫展	李秋君等	
1937年10月10日	中國畫會、中國女子書畫會刊出徵求書畫作品啟事（申報）		
1937年11月1日	湯國梨變產救國救難民	湯國梨	
1938年	張默君回鄉，於韶峰東麓（今龍洞鄉石塘村）買宅，取名「蓉廬」，修閣樓，題名「聽韶」。從此潛心作詩、繪畫、寫字，教育兒女。	張默君	
1938年秋	游壽以戰時婦女指導員身份赴臨川開展抗日活動，成立臨川婦女指導處。	游壽	
1939年11月10日	女子書畫會展	書畫會成員	寧波同鄉會
1939年11月11日	中國女子書畫會第六屆書畫展	馮文鳳、顧青瑤、劉潔、潭淑、蔡擷純、江道樊、新老會員二百餘人	寧波同鄉會
1939年	馮文鳳、陳小翠、謝月眉、顧飛四家書畫展	馮文鳳、陳小翠、謝月眉、顧飛	大新畫廳
1940年1月至8月	游壽居江西河口家中，整理閱讀《資治通鑒》箚記，著《李德裕年譜》	游壽	
1940年5月29日	名媛書畫展覽	馮文鳳、陳小翠、謝月眉、顧飛	上海大新公司四樓
1940年9月21日	中國畫會第九屆書畫展	李秋君、馮文鳳、鮑亞輝等	上海大新公司四樓畫廳
1940年11月	中國女子書畫會舉辦女子書畫展（第七屆）	書畫會成員	上海大新公司

1940 年 11 月	現代名人書畫展展出	馮文鳳等	上海南京路慈淑大樓
1940 年	蔣介石把張默君接到重慶，依然供職於考試院。	張默君	
1941 年 1 月至 1942 年 9 月	游壽應胡小石先生之邀受聘於四川國立女子師範學院（白沙）講師，教大學一年級國文，著有《金文詩書論證》、《楚漢之際人物成敗》、《白沙集》、《閩渝紀行》、《饑婦行》。	游壽	
1941 年 5 月 26 日	馮文鳳、陳小翠、謝月眉、顧飛四家二次合作書畫展	馮文鳳、陳小翠、謝月眉、顧飛	上海大新公司四樓畫廳
1941 年 11 月 8 日	中國女子書畫會第八屆書畫展	中國女子書畫會成員	上海大新公司四樓畫廳
1941 年	厲國香十件作品參加顧坤伯個展，畫展後厲國香加入中國女子書畫會。	厲國香	上海大新公司
1942 年 10 至 1943 年 9 月	游壽任國立博物院籌備處主理（李莊），與董作賓、曾昭燏一起整理青銅、玉器、甲骨文物及金石拓片，著有《金石甲骨論叢》、《金石文獻纂論》《六朝人苦悶》、《沙谿集》	游壽	
1943 年 7 月 1 日	馮文鳳書畫義賣捐新普育堂	馮文鳳	上海寧波同鄉會
1943 年 7 月 2 日	馮文鳳、陳小翠、謝月眉、顧飛第三屆四人書畫展	馮文鳳、陳小翠、謝月眉、顧飛	上海寧波同鄉會
1943 年 7 月	華北急賑書畫義展	馮文鳳等	上海市二商聯誼會
1943 年 10 月至 1944 年 3 月	游壽任國立中央研究院歷史語言研究所圖書館館員，整理金石甲骨、秘本、善本資料。著《漢魏隋唐金石文獻論叢》、《金文策命文辭賞賜儀物》、《山茶花賦》、《書院鏤錦》、《山居志序》	游壽	
1943 年 9 月至 1944 年 12 月	游壽任職於國立中央博物院籌備處。發表《金文與詩書論證》，以銅器銘文與《詩》、《書》比較互證。《梁天監五年造像跋尾》論新見梁大監五年造像之史事與書法。著《李德裕年譜》。		

1943 年 11 月	中國女子書畫會舉辦書畫展		中國畫苑
1944 年 4 月至 7 月	游壽任國立中央大學國文研究所助理；編寫《隋唐東邦史料考輯》。	游壽	
1944 年 11 月	中國女子書畫會舉辦書畫展	李秋君等作品二百餘件	中國畫苑
1945 年 2 月	游壽任職於國立中央研究院歷史語言研究所；編寫《隋唐與三韓問題》、《唐代墓誌書體》、《隋唐東征史》、《伐綠萼梅賦》。	游壽	
1945 年底	上海淪陷後一度停止活動的中國女子書畫會重新活動	李秋君等負責會務	上海中正北二路
1946 年 3 月 25 日	上海美術會成立，其首屆理事中有女子書畫會會員		
1946 年 9 月 5 日	鮑亞輝畫展	鮑亞輝	中國畫苑
1947 年 4 月	李秋君、唐冠玉等任上海市美術館籌備處徵集委員	李秋君等	
1947 年 5 月 2 日	中國女子書畫會第十三屆會員書畫年展	鮑亞輝成員	中國畫苑
1947 年 8 月 27 日	女權運動同盟會上海分會成立	湯國梨為理監事	
1947 年 9 月 13 日	張默君出席了在南京召開的國民代表大會，並被蔣介石親自圈定為國民政府第一屆國民代表大會代表。	張默君	
1947 年 12 月 1 日	馮文鳳赴美考察藝術	馮文鳳	
1948 年 1 月 1 日	馮文鳳赴美研習藝事定期三年	馮文鳳	
1948 年 12 月 11 日	上海市雲林書畫社正式成立，有女子書畫會會員入社。	顧青瑤、吳青霞等	
1949 年	中國女子書畫會解體		

附錄二 （問卷一）書法分維度審美特質之性別判斷

　　請為以下審美維度感知其性別特徵，屬於男性畫×，屬於女性畫○，無法劃分或中性畫笑臉^_^，對於無感的條目可不填，謝謝！順祝逢考必過！

性別＿＿＿性取向＿＿＿有否書法興趣＿＿＿

書法本身		美		醜	
易認		難解		意蘊	
秀美		遒勁		靈動	
力度感		韌度感——-		連續	
頓挫感		潦草		工整	
乾淨		稚拙——		巧妙	
粗		細		樸實	
華美		光滑		毛糙	
緊湊		鬆散		瀟灑	
拘束		墨色均勻		枯	
濕		濃		淡	
虛		實		斧鑿之感	
金石氣		雕琢		自然	

書卷氣		文人氣		富貴	
逸氣		老練		生疏	
蒼茫		渾厚		規律感	
雄強		劍拔弩張		力透紙背	
龍飛鳳舞		筆走龍蛇		筆酣墨飽	
恰到好處		鸞飄鳳泊		鸞翔鳳翥	
龍蛇飛動		美女簪花		鐵畫銀鉤	

附錄三 （問卷二）書法審美心理實驗（二）——維度化感知

性別：□男□女　性取向：□同□異□雙

　　請對屏幕上呈現的書法作品分別進行如下審美維度的程度感知並打分：該作品具有某一維度特質最強為 5 分，最弱為 0 分，精確到個位數即可。謝謝配合！順祝開學快樂！

	女子氣	力度感	清秀	多變	厚重	易認	動感	雕琢感	奇	拙	喜好程度
1											
2											
3											
4											
5											
6											
7											
8											
9											
10											
11											
12											
13											
14											
15											

附錄四 「實驗一」結果數據統計表

	男性，性取向女				女性，性取向男				女，同或不明				男，同或不明			
	男	女	無感	中性	男	女	無感	中性	男	女	無感	中性	男	女	無感	中性
書法本身	17	2	3	16	16	4	2	43	4	0	0	1	1	1	0	2
美	8	16	2	12	7	36	1	21	0	2	0	3	1	0	0	3
醜	13	5	3	17	17	5	5	38	2	0	1	2	1	0	0	3
易認	11	13	2	12	8	20	3	34	1	1	2	1	1	2	1	0
難解	16	10	3	9	22	8	6	29	1	1	2	1	1	0	0	3
意蘊	11	14	0	13	7	33	4	21	1	3	0	1	1	1	0	2
秀美	1	34	0	3	0	61	0	4	0	4	0	1	1	2	0	1
遒勁	34	0	0	4	60	2	1	2	5	0	0	0	4	0	0	0
靈動	4	29	0	5	2	56	1	6	0	5	0	0	1	1	0	2
力度感	35	0	0	3	57	0	1	7	2	0	1	2	3	0	0	1
韌度感	26	5	0	7	23	28	2	12	0	4	0	1	3	1	0	0
連續	11	15	0	12	7	21	5	32	0	1	2	2	3	0	0	1
頓挫感	28	2	0	8	45	1	5	14	5	0	0	0	4	0	0	0
潦草	32	0	0	6	48	2	1	14	2	1	1	1	3	1	0	0
工整	6	23	0	9	5	34	2	24	0	3	1	1	2	1	0	1
乾淨	10	19	0	9	10	34	0	21	1	2	0	2	2	2	0	0
稚拙	10	10	4	14	21	12	4	28	2	3	0	0	2	1	0	1
巧妙	5	21	1	11	3	30	5	27	0	4	0	1	1	1	0	2

粗	33	1	0	4	51	2	1	11	4	0	0	1	2	1	0	1
細	1	31	1	5	0	49	1	15	0	5	0	0	0	4	0	0
樸實	26	0	2	10	32	4	4	25	2	0	1	2	3	1	0	0
華美	7	19	0	12	11	34	4	16	2	1	0	2	0	2	0	2
光滑	2	28	0	8	3	46	3	13	1	3	0	1	1	3	0	0
毛糙	31	0	0	7	47	2	6	10	2	0	1	2	3	1	0	0
緊湊	10	19	1	8	9	21	4	31	0	3	1	1	2	1	0	1
鬆散	20	7	1	10	20	10	7	28	2	0	1	2	1	1	0	2
瀟灑	31	0	0	7	50	4	3	8	1	0	2	2	3	1	0	0
拘束	4	22	2	10	4	26	9	26	1	2	1	1	1	2	0	1
墨色均勻	5	15	1	17	4	21	3	37	1	1	0	3	1	3	0	0
枯	21	3	2	12	33	5	8	19	3	0	0	2	2	1	0	1
濕	5	23	2	8	2	29	9	25	1	2	1	1	1	2	0	1
濃	20	6	3	9	40	3	4	18	3	0	1	1	2	1	0	1
淡	7	21	2	8	7	41	5	12	1	2	1	1	1	3	0	0
虛	5	23	3	7	8	28	8	21	2	1	1	1	1	3	0	0
實	28	1	1	8	35	4	4	22	4	0	0	1	2	1	0	1
斧鑿之感	29	1	1	7	48	1	2	14	3	1	0	1	2	1	0	1
金石氣	27	3	3	5	42	5	6	12	4	0	0	1	2	2	0	0
雕琢	15	14	1	8	12	28	3	22	0	5	0	0	1	2	0	1
自然	6	17	1	14	11	20	2	32	1	3	0	1	3	0	0	1
書卷氣	18	11	1	8	27	11	1	26	3	2	0	0	3	0	0	1
文人氣	18	10	1	9	34	9	2	20	2	2	0	1	2	1	0	1
富貴	12	8	1	17	15	14	6	30	3	1	1	0	0	2	0	2
逸氣	23	7	1	7	40	6	2	17	3	2	0	0	3	0	0	1
老練	29	0	0	9	39	1	4	21	4	1	0	0	2	1	0	1
生疏	15	7	3	13	12	7	11	35	1	1	1	2	2	0	0	2
蒼茫	35	0	0	3	55	3	3	4	3	0	0	2	4	0	0	0
渾厚	33	1	0	4	56	2	3	4	5	0	0	0	2	2	0	0
規律感	11	10	2	15	13	21	3	28	1	2	0	2	1	2	0	1
雄強	34	0	1	3	61	0	3	1	5	0	0	0	4	0	0	0

劍拔弩張	35	0	0	3	56	2	3	4	5	0	0	0	3	1	0	0
力透紙背	31	2	1	4	56	1	1	7	5	0	0	0	3	0	0	1
龍飛鳳舞	28	2	0	8	40	6	3	16	5	0	0	0	2	2	0	0
筆走龍蛇	28	2	2	6	44	2	1	18	4	0	0	1	3	1	0	0
筆酣墨飽	26	3	0	9	43	1	4	17	3	1	0	1	3	0	0	1
恰到好處	16	8	2	12	9	23	5	28	0	2	0	3	1	1	0	2
鸞漂鳳泊	8	20	3	7	8	37	5	15	0	5	0	0	1	3	0	0
鸞翔鳳翥	7	20	2	9	16	32	6	11	1	3	0	1	0	3	0	1
龍蛇飛動	23	7	1	7	36	7	6	16	3	1	0	1	3	0	0	1
美女簪花	0	30	1	7	5	57	2	1	1	4	0	0	0	3	1	0
鐵畫銀鉤	26	3	1	8	36	9	7	13	2	1	0	2	1	0	1	2

附錄五 「實驗一」結果數據之分對象柱形圖

總表（性別不論）

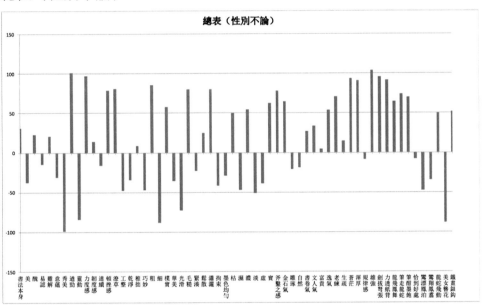

男生（異性戀）

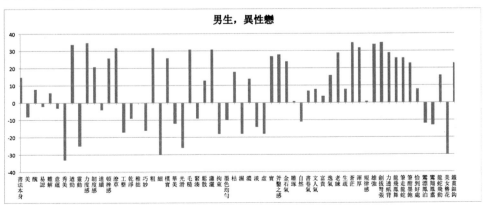

男生（同或不明）

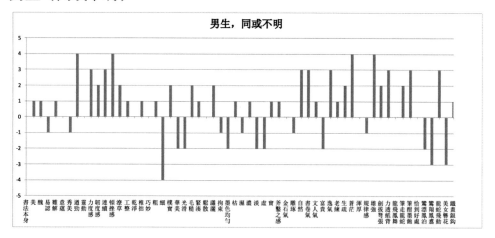

女生（異性戀）

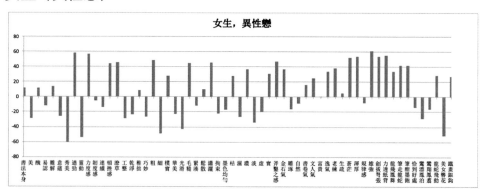

女生（同或不明）

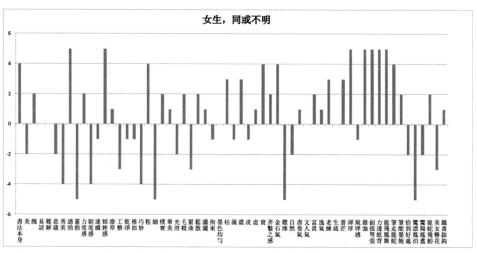

附錄六　實驗二 PPT 展示使用圖版

书法审美心理实验（二）
性别气质维度化感知

文化艺术教育中心
袁帅

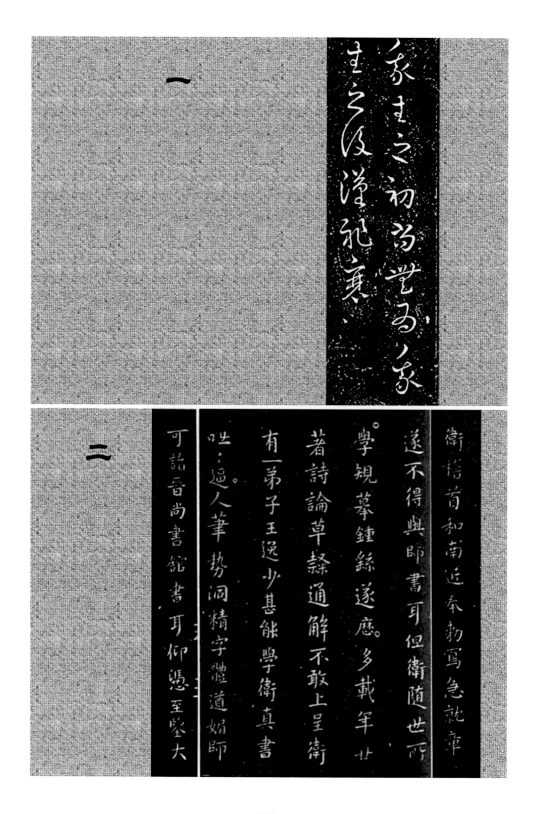

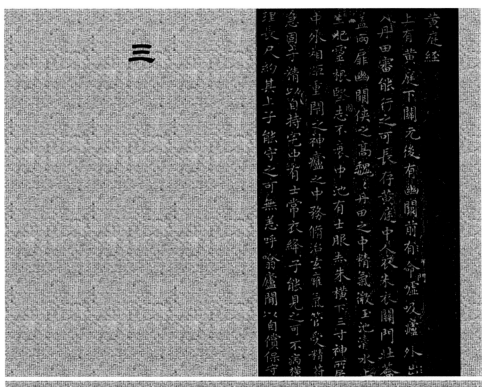

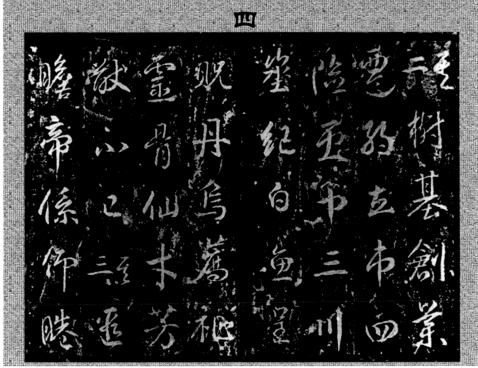

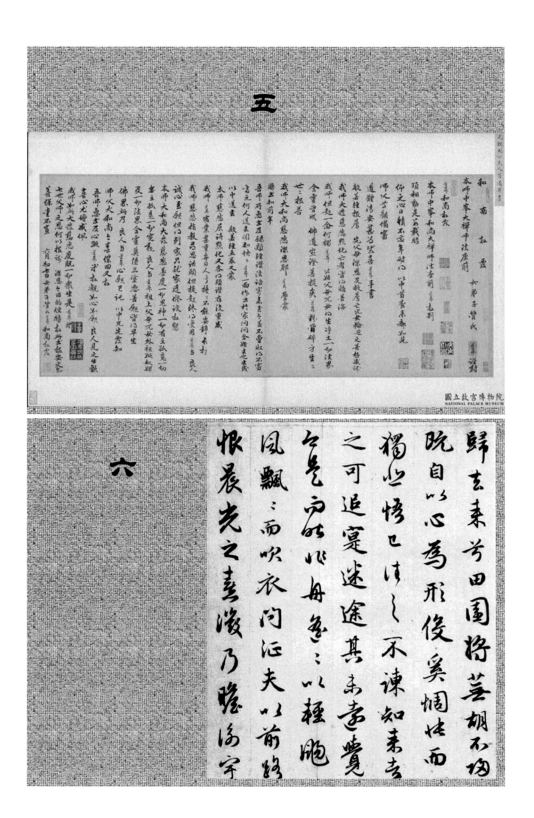

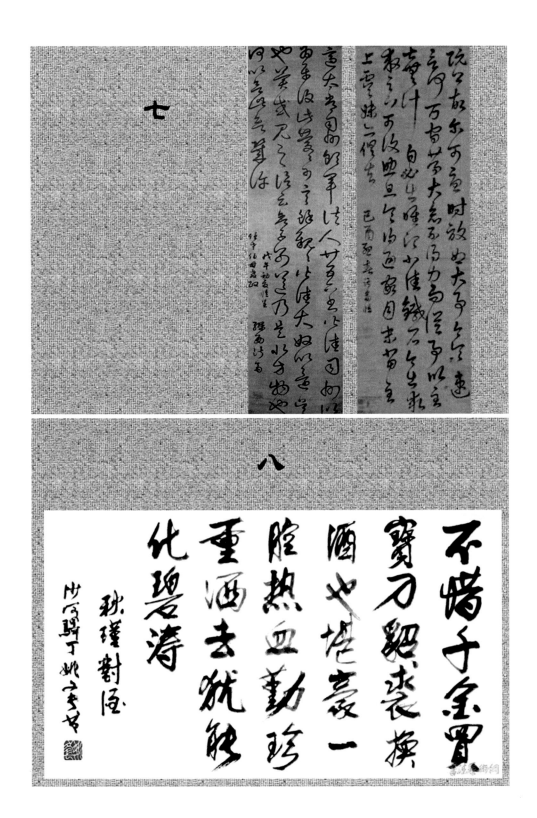

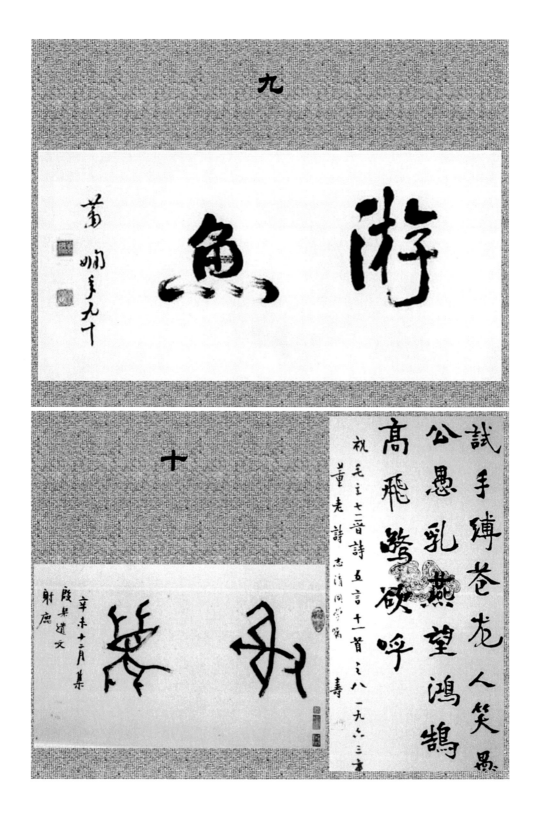

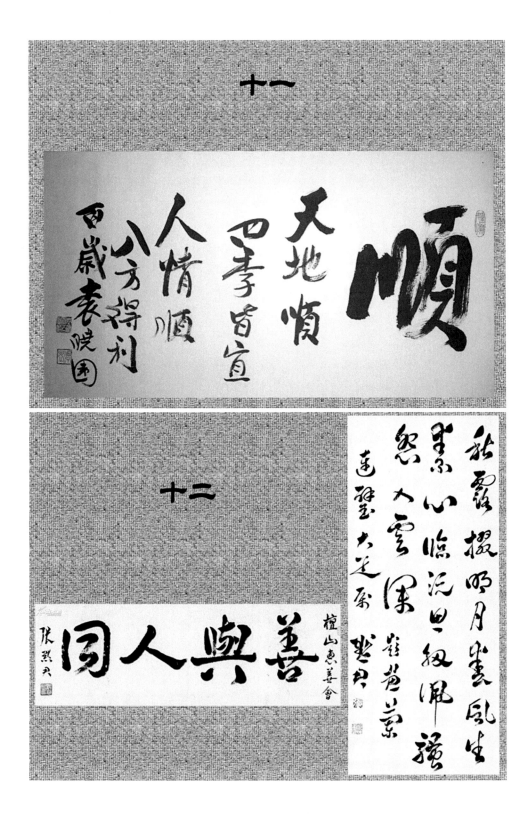

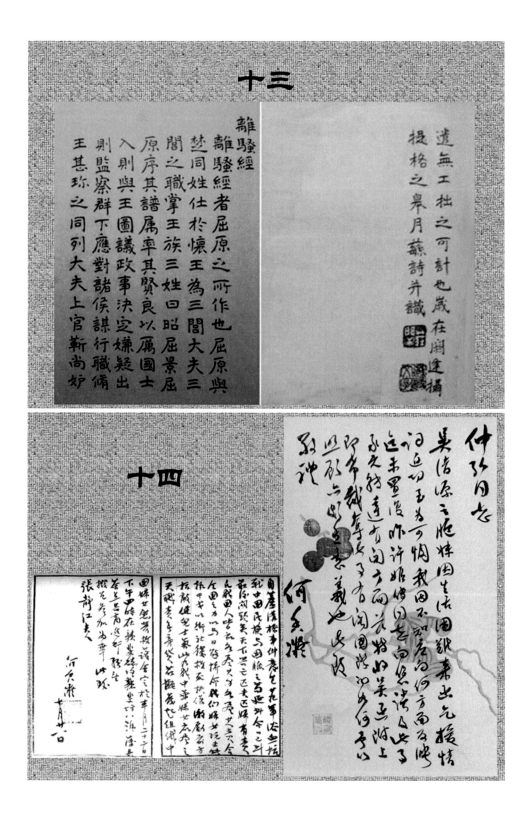

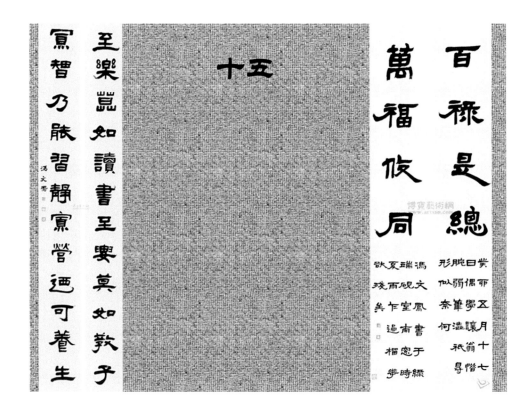

附錄七　實驗二分類樹形圖

性取向同或不明

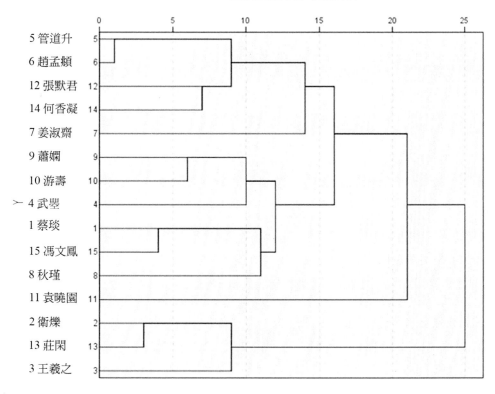

使用平均聯接（組間）的樹狀圖
重新調整距離聚類合併

男生（異性戀）

使用平均聯接（組間）的樹狀圖
重新調整距離聚類合併

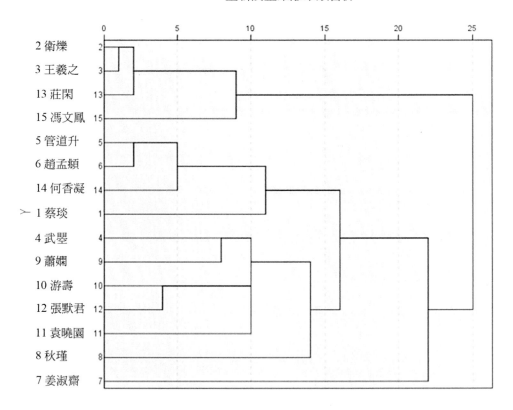

女生（異性戀）

使用平均聯接（組間）的樹狀圖
重新調整距離聚類合併

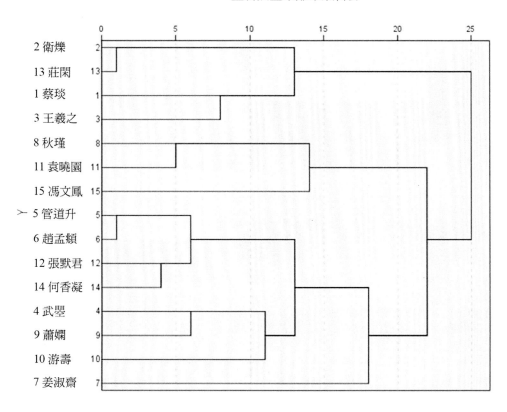

總表（性別不論）

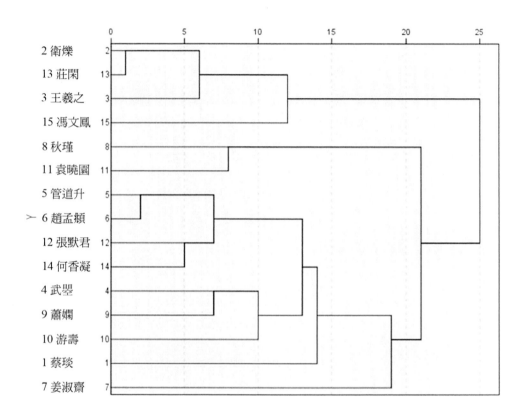

使用平均聯接（組間）的樹狀圖
重新調整距離聚類合併

致　謝

「悠悠的過去只是一片漆黑的天空，我們所以還能認識出來這漆黑的天空者，全賴思想家和藝術家所散佈的幾點星光。……」〔註1〕我感謝為我提供了巨人肩膀的學界先賢們。

我要感謝我的導師黃正明先生，三年來，黃老師向我提供過許多次藝術實踐資源和開展調研的機會。黃老師教導我的，不只是學習和求藝的態度和方法，更有做人的道理。他博學而謙遜，識廣而仁心的品性一直深深地影響著我。

我還要感謝康爾老師、李健老師、王詠老師、楊秀娟老師、丁珊珊老師等南大文化藝術教育中心的全體老師，我曾一一向他們尋求過幫助。他們從未嫌棄過我的愚鈍，給過我很多十分有效的建議。尤其是王詠老師，她以細膩的師愛和堅實的理論能力鼓勵我、指引我、教導我，如果沒有她的支持與指導，我將無技為文。

在此，還要特別鳴謝我在故鄉的芳鄰，黃達老師。他是我幼時耳中優秀的鄰家兄長。黃老師專攻統計學研究，留洋歸國後，於復旦大學任教。春節回鄉時，我得緣向他請益，獲得了本文數據分析方面的學術支持。

我要感謝我的父母和親友，他們一直都在愛我、包容我、幫助我，默默付出，毫無怨言。其中，我的書法啟蒙老師凌震三先生，我自幼喚他凌伯伯，他看著我長大，贈與了我第一本字帖。凌伯伯，帶領我走進了藝術的殿堂，守護著我的成長。

〔註1〕朱光潛：《談美》，安徽教育出版社，2006 年 8 月版，第 2 頁。

　　還要感謝窗景內的鄧府山，他在川流的塵囂中顯得那麼平靜，他在樊籠般的窗櫺後變幻著冬夏生機。他是我駐筆出神時，失焦的視界裏朦朧的風景。在漫長的寂寞中，他陪伴了我的筆耕。

　　任何形式的論述都不可能窮盡藝術的真諦，人類所能做的無非一步步更加接近對其本質的認識。最後，我想要感謝藝術這個偉大神聖的母體，讓我有幸愛上她的一絲光暈。帶著這絲光暈，我也想要努力散佈幾點螢火，試著「去照耀和那過去一般漆黑的未來」〔註2〕。

〔註2〕朱光潛：《談美》，第2頁